ネガティブな感情は自分の味方だった

「また怒ってしまった」と悔いてきた僕が無敵になった理由《ワケ》

加藤隆行
Kato Takayuki

発売 小学館　発行 小学館クリエイティブ

はじめに

「部下に怒鳴ってしまうことを、やめられないんです……」
「上司へのイライラが止まらず、どうしても反抗した態度になってしまいます……」

カウンセリングをしていると、「怒り」や「イライラ」といった感情の取り扱いに苦慮している人たちがたくさんやってきます。今や心理カウンセラーとなったボク自身も、ご多分に洩《も》れず、そんななかのひとりでした。

「怒り」という、自分の人生の邪魔をする憎き「敵」を消し去るには、どうしたらいいのだろうか。これまで書籍を読んだりセミナーに参加したりと、さまざまな対策に取り組んできました。しかし、その〝やり方〟が一時的に役に立つことはあっても、またすぐに怒りがぶり返し、ボクを翻弄します。

「深呼吸したって、結局収まんねぇよ！」
「怒りをメモするなんて、すぐ忘れちゃうよ……」

これらの〝やり方〟にもそれなりの効果はあるのでしょう。それで救われた人もいるのだろうと思う一方で、「なにかが違う」「なにかが足りない」という思いを、ずっと拭えずにいました。

だれだって怒りたくはないはずです。怒ることで周りを傷つけたいと思っている人なんていません。それ以上に、怒りで傷つくのは自分自身なのです。もうこれ以上、相手も自分も傷つけたくない、イジメたくない。そう思って、あれもこれもやってきたのに、それでも怒ってしまう自分に対し、イライラと自己嫌悪が止まらない……。

——こんなことを繰り返すのにほとほと疲れ果て、「もう怒りと戦うのをやめたい」と思っているアナタに、本書はきっと役立つことでしょう。

怒りはあってアタリマエ、だれにでもあるフツーのことです。職場には魑魅魍魎《ちみもうりょう》があふれており、理不尽なこともたくさんあります。だから怒るときがあって当然です。

でも、長く続く怒りやいつも出てくる怒り、時に爆発してしまう強い怒りについては、怒りに対する〝やり方〟よりも、アナタ自身の怒りに対する姿勢や態度、つまり〝あり方〟を整えていく必要があります。

怒りに向き合うことは、アナタが変わるチャンスです。怒りはアナタの一部です。だから「怒ってはダメだ！」と怒りを否定するのではなく、怒りを認め、受け入れられれば、怒りは自然と消えていきます。

そして、怒りについて知るためには、怒りだけではなく不安や悲しみなども含めた「感情」のほんとうの意味について、よく理解する必要があります。

「ただただイヤなものだと思っていた感情たちが愛おしくなり、一緒に歩いていこうという気持ちになれました」
「自分の本音がわかるようになり、怒ることが大幅に減りました」
「怒りに振り回されるのではなく、怒りを自分の意思で使えるようになってきました」
「なにかに操られていた人生から、自分自身を取り戻せたようです」

これらのクライアント（相談者）さんたちの声からも伝わるように、怒りや感情に対する〝あり方〟を整えることが、人生に多大な影響を与えていきます。

＊　＊　＊

本書は、大きく前半と後半に分かれています。

前半（1〜2章）は、怒りをはじめとした感情の仕組みについて、おもに「カラダ」の面から解説しています。脳科学、生理学などを交えながら、感情にどのようにアプローチしたらいいかをわかりやすく説明しました。

後半（3〜8章）では、「怒り」を取り扱えるようになるために必要な、5大感情（怒り、嫌悪、恐れ、悲しみ、喜び）の「アタマ」での考え方と、感情を味方にするためのポイントをまとめました。すべての感情を理解することで、「怒り」の本質を理解できるように構成してあります。

この「カラダ」と「アタマ」、両方からのアプローチは、本書の特徴のひとつです。

本書は、「怒り」に振り回されるアナタのための「感情のトリセツ」です。

本書を読み、「怒り」により見えなくなっていた「ほんとうのアナタ」を取り戻していきましょう。

令和2年6月
心理カウンセラー　加藤隆行（かとちゃん）

目次

第2章 アタマが感情をこじらせている

第3章

【怒り】のエネルギーは使いよう

怒りのトリセツ 準備編

第4章　【嫌悪】は怒りへと変わる

嫌悪のトリセツ

第5章

怒りの裏には【不安】が隠れている

恐れ・不安のトリセツ

第6章

悲しみのトリセツ

【悲しみ】を否定して怒りで強がる

第7章

怒りのトリセツ 本編

【怒り】のほんとうの目的を知る

第8章 喜びのトリセツ 怒りを肯定すると【喜び】が増す

序章

怒りを抑えられないのはなぜだろう

アイツもコイツもムカつく！

ああ、また部下がミスしてる……。

昨日も注意したのに、スタッフがおしゃべりしてサボってる……。

またコイツらの尻拭いのせいで残業だ。オレの貴重な時間が消えていく。いつになったら自分から動いてくれるようになるのか……。ほんとうにイ、ラ、イ、ラする！

いやいや怒っちゃいけない、優しく教えなきゃ……。

また部長の呼び出しだ。報告、報告うるさいなぁ……。

なにが会社の方針だよ。上からの指示を全部下に回してくるだけ。現場の苦労なんて全然わかっていない！

わかったよ、言うこと聞くからデカイ声を出さないでくれ！　こういうヤツは大っ嫌いだ！　……でも、どうせ従うしかないんだから、子どもみたいなことを言ってもしょうがない。感情的にならない、ならない……。

うわっ、お客さんからの電話だ！

あ、システムトラブルですか。わかりました、すぐ直します。

まずいなぁ、あそこのシステム、大きな設計ミスがあるのを、ずっと見ないふりをしてきてるんだよ。ヤバいぞ……。いや不安なんて感じてちゃダメだ、もっとしっかりしろ！

もとはと言えば、前任者が悪いんじゃねえか。こんなポンコツ、引き継ぎやがって。クソッ！　腹が立つ！

とにかくトラブル対処だ。ちょっと打ち合わせしたいんだけど、Aくんはいるか？　なに、今日は風邪気味だから帰った⁉

ふざけるな！　オレだって残業続きで体調ボロボロで働いているんだぞ！

アイツもコイツもムカつく！　ほんとうにバカばっかりだ‼

これが数年前、システムエンジニアとして働いていたボクの日常です。

怒りを筆頭に、嫌悪や不安などの「ネガティブ感情」にいつも振り回され、ストレスまみれで働く日々。

そして、「こんなにガマンしてがんばって働いているのに、だれも自分の気持ちをわかってくれない！」、そんな思いにもとらわれていました。

部下がうつで休職、やがて自分も……

なかでも「怒り」の感情には、ほとほと手を焼いていました。

ボクの場合は、怒りがすぐに表に出るタイプというより、怒りをガマンして内にため込むタイプです。表向きは平静を装いながら、上司にはガマンして従い、部下や後輩に対してはネチネチと説教。時々ドカンと爆発してしまっては、「ああ、また怒ってしまった……」と、後悔を繰り返していました。

そんなある日、スタッフが会社を辞めました。さらにその半年後、今度は手塩にかけて育てていた後輩までもが会社を休職します。診断は「うつ状態」。

アイツらが弱いからだ。自分のせいじゃない。彼らには仕事が向いていなかっただけだ……。そう思いながらも、彼らに対する罪悪感は消えませんでした。

また、その「怒り」はつねに、自分へも牙をむきます。マネージャーになってもうまく仕事を回せない自分。コミュニケーションが下手で、上司や部下とスムーズに意思疎通ができない、ふがいない自分。そんな自分に対して「怒り」や「イライラ」が止まらず、そのストレスがさらに仕事をつらいものにし、体調もどんどん悪化させていきました。

やがてガマンもがんばりも限界に達し、カラダもココロも壊して1度目の休職。最終的には、勤続20年の間に計3度の休職を経験することになります。

怒らないためには、どうしたらいい？

怒りをガマンし、ただがむしゃらにがんばるしか知らなかった自分も、さすがに入社12年目、2度目の休職をしたときに考えました。

これはちょっと自分のやり方がおかしいのではないのか。ガマン、がんばりだけではムリなのではないか、と。

怒りを静める呼吸法、感情的にならない方法など、たくさんの本を読みました。ちまたで流行りの「怒りをコントロールするセミナー」にも行ってみました。しかし、一時的によくなったとしても、またすぐにもとに戻ってしまいます。

休職から復帰後、「部下の育て方」という研修を同期のマネージャー仲間で受講しました。そこでは「信じて任せる」ということを教わります。

そうはいっても、簡単にはできません。信じて任せようとしても、「イライラ」をガマンするしかやり方がわからないし、「不安」で見ていられない。

ところが、一緒に受けた同期のマネージャーたちは、「なるほど、信じて任せるのかー、難しいもんだなぁ」と口では言いながらも、けっこうできているようでした。

アイツらと自分の差はなんだろう。オレの部下の出来が悪いんじゃないか？　いやいや、部下のせいにしていたら、いつまでたっても、まともな上司にはなれない……。

問題は「外」にはない、自分の「内」にあるはずなんだ。

でも、「怒り」をガマンするのではない。自分がすぐ「怒り」をためてしまうのはなぜだ？　それに、昔はこんなに怒りっぽくなかったぞ。
この「怒り」や「不安」、どう扱ったらいいのだろうか……。
ここからボクの、「怒り」や感情と向き合うながーい旅が始まりました。

感情はアナタの最高の味方にできる

「感情」って不思議ですよね。だれもがもっているものなのに、その扱い方はだれも教えてくれない。だから、今でも世の中のかなりの人々が「感情」に振り回されているし、感情は扱いづらいものだと感じています。

でも、**感情と付き合うことって、ほんとうはとてもシンプルなのです。**シンプルすぎてじつは1ページで書くことも可能なのですが（笑）、今から200ページほどかけて詳しく説明していきます。

長年こじらせてきてしまったボクのような大人には少々コツがいりますが、**だれもが感情を仲間にし、最高の味方にしていくことが可能です。**

「感情を味方にする？　怒りみたいな感情は、味方になんかできないよね？」

「ネガティブな感情は敵でしょう？」

「コントロールして出さないようにすることが大事なんじゃないの？」

そう思った人は、まさに以前のボクと同じです。

ご一緒に一歩ずつ、感情を味方にするコツを手に入れていきましょう。

第1章

怒りを否定していませんか？

感情は「自分を生かし、幸せにする」ためにある

さて、感情とはなんのためにあるのでしょうか。いきなり結論から入りますが、「怒り」も「不安」も感情とは全部、「自分を生かし、幸せにするため」に存在しています。

感情は基本、なんらかの「刺激」によって起こります。刺激があると、人はそれが「快」か「不快」かを感じます。

「快」であれば心身が【安全モード】に入り、そのときのさまざまな状況を加味して「楽しい」「うれしい」「ワクワク」といった感情が起こります。

「不快」であれば心身が【危険モード】に入り、「恐れ」や「不安」「怒り」などが出てきます。

ネガティブ感情は、不快で危険な状況から「自分を守るための感情」です。

「恐れ」を感じるから、その場から逃げたり、逆に動かないようにしたりする。「不安」だと思うから、それに対処し準備しようとする。「怒り」を感じることで、外敵に対抗す

感情が起こる仕組みとその役割

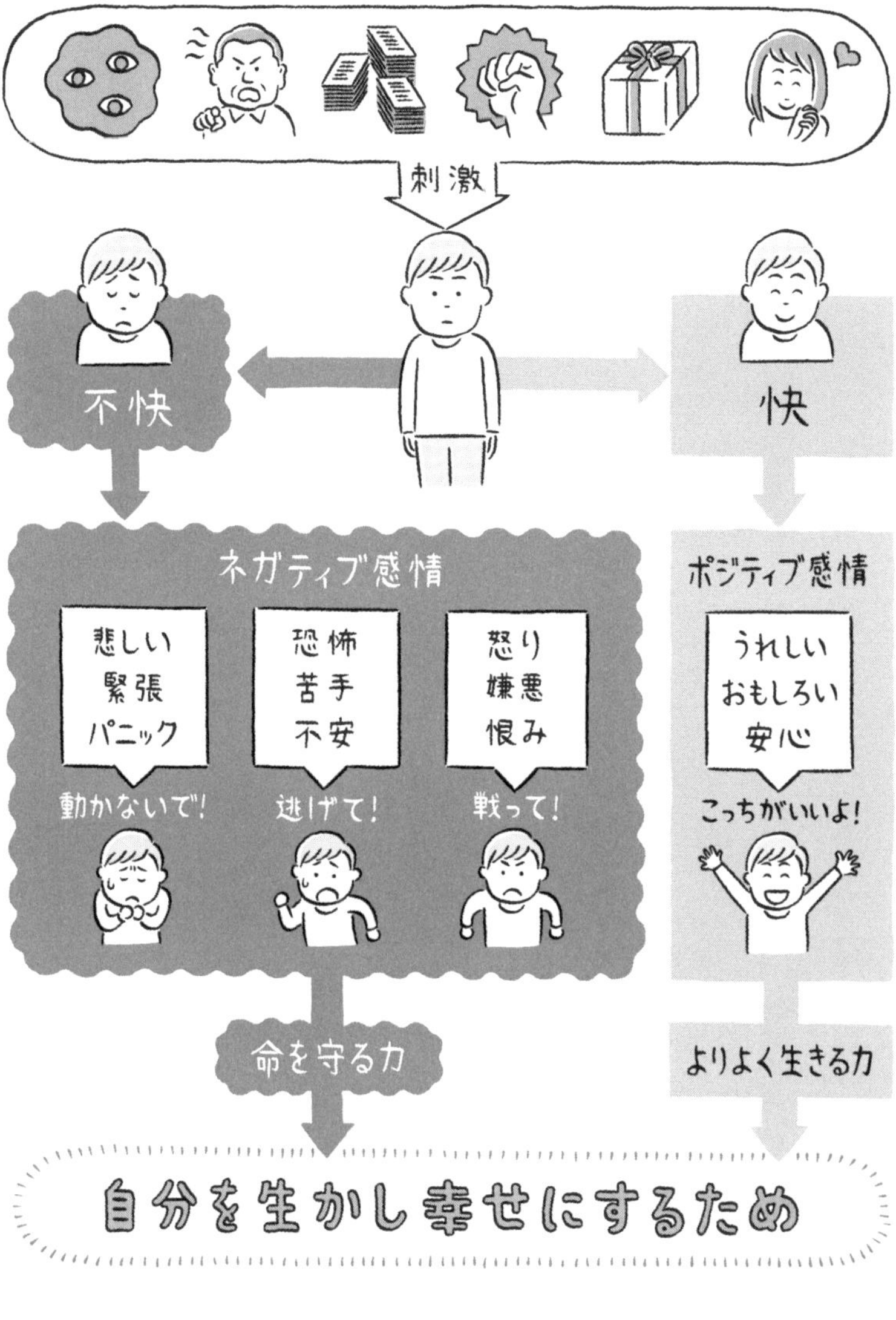

る力が湧いてきます。

一方、ポジティブな感情は「こっちがいいよー」「それ、アナタに適しているよ」といった、「よりよく生きるため」の情報を与えてくれます。

感情とは、さまざまなことを教えてくれる「サイン」で、ワタシたちを動かす「エネルギー」なのです。つまり、**どの感情も、アナタが生きていくために必要だから出てきています。**

そう言われても、今はまだ感覚的に受け入れられない部分もあるでしょう。

そのため、〝かりに〟で結構ですので、この本を読み進めていくにあたり、

「感情は自分を生かし、幸せにしようとしてくれている」

「感情は仲間で味方！」

ということを、念頭に置いてみてください。

人は感情によって動く

人は感情というエネルギーで動きます。感情が湧き上がってこなければ、人は最低限し

か動こうとしません。

「ホメオスタシス（恒常性維持）」というコトバを聞いたことがあるでしょうか。人間や生物に標準装備された「なるべく今の状態を維持しようとする働き」のことをいいます。

人間や生物は、現状を維持して変わりたくないものです。生物にとっては本来、「生きる」ことが最優先事項で、今日まで生き長らえてきた方法に従って暮らしていれば、エネルギー消費も抑えられ、危険に出会い、命を落とす確率も下げられるからです。

同じことばかりしていては、日々マンネリかもしれません。しかし、新しいことにチャレンジするよりも、できるだけ動かずに昨日と同じことを繰り返していたほうが、生物的には得策なわけです（ちなみに、高度な知能をもった動物以外は、マンネリを感じることさえありません）。

ネガティブな感情がなぜ「不快」なのかといえば、ザワザワ、ムカムカと「不快」に感じるくらいのエネルギーがないと、人は動かないからです。「ヤバい！」という強い恐れや、イヤ～な気分を払拭しようとすることで、人はやっとその重い腰を上げます。

つまり、現状を維持し続けようとする人間を、一時的に「危険だよ！　動かないとマズいよ‼（もしくは、動いたらマズいよ）」「逃げてよ！　戦ってよ！」とたきつけムリにでも動かすという、しんどい役割を担ってくれているのが、ネガティブ感情なのです。

ホメオスタシスにより動かないことも、感情で動かされることも、全部、自分を生かすために起こっています。

ただし、「危険から命を守る」という緊急性が高い役割である分、人はポジティブ感情よりもネガティブ感情に強く影響を受けます。

このように、人は感情のエネルギーで動いていますが、動くまでの判断は一瞬です。だから、**自分が自分の感情に気づいていないと、知らぬ間に感情に動かされている、といったことが起こります**。これが**「感情に振り回される」**という状態です。

【主導権＝感情】刺激⇓感情⇓自動反応（振り回される）

【主導権＝自分】刺激⇓感情⇓〈気づき！〉⇓意思による反応

【危険モード】と【安全モード】の違い

不快なネガティブ感情を感じている【危険モード】とは、カラダが〝緊急事態〟で、〝厳戒態勢〟に入っているモードです。

外敵に対処するためのモードなので、「なにが危険か」「どこから攻撃がくるのか」といった刺激に、ことさらに注目する心理・身体の状態になります。

いつも緊張した状態で、交感神経が優位となり、現実の刺激に対して過剰に反応してしまうことが多くなります。

このモードでいるときは、上司にちょっと注意されただけでも、「パワハラだ！」と過剰に反応して怒ってしまったり、「ヤバい！」「大変だ！」とものすごく不安になってしまったりします。

【危険モード】は命を守るために大切なのですが、普段から【危険モード】でいることが多くなると、生きていくのに不都合な状況が生じます。

一方、ポジティブ感情を感じている【安全モード】は、カラダが〝リラックス〟に入っているモードです。臨戦態勢を解いて自由に活動できる状態で、副交感神経が優位となって、周囲のことを希望的・好意的に受け入れられるようになります。

自分は普段、どちらのモードにいることが多いか、いちど考えてみてください。

現代は感情を否定するのがアタリマエ

さて、感情はこのように「ワタシたちを生かし、幸せにするもの」ではありますが、現代社会においては、怒りに限らず、あらゆる感情を否定することを、アタリマエのように教えられてきます。

家庭でも学校でも、「怒っちゃいけない」「泣いちゃいけない」「強くなれ」「ガマンしなさい」と子どものころから言われ続け、**意識しないうちに感情を抑え込む能力を鍛えられているのです。**

それどころか、「ちゃんと」「しっかり」「きちんと」「まじめに」「一生懸命」を求めすぎるがために、「喜び」「楽しさ」を表現することを禁止される場合もあります。厳しいスポーツの現場では、「笑っていたら怒られた」なんてこともありますよね。

「分別や社会性を身につけるって、そういうことでしょう？」

「それが大人になるってことじゃないの？」

これまでボク自身も、できるだけ感情を抑制、ガマン、コントロールし、社会に適合していくことが「大人になる」ということだと思って、生きてきました。

とくに日本では、「周囲に合わせられること」が大きな価値として捉えられています。これを「協調性」というコトバで説明する学校の先生がいますが、まったくの間違いです。

「協調性」とは、「立場や環境が異なる者たちが互いに助け合うことで、同じ目標に向かって任務を遂行する能力」のことです。けっして「自分の感情をガマンして他人に合わせること」ではありません。怒りっぽい子や泣き虫の子がいても、それも認め合い、受け入れ合いながら、つながっていく能力のことをいうのです。


また、近代に発展した西洋文化には、感情や感覚など本能的なものをレベルの低いものとして捉え、理性や思考、科学によりすべてをコントロールすべきだ、と考える一面があるのも確かです。

そんな背景からも、だれもが気づかぬうちに感情を否定してしまっていることがあると思います。

それどころか、「感情を否定する、肯定する」という概念さえもったことがない人ばかりかもしれません。そうだとすれば、ネガティブな感情は自分を脅《おびや》かす「敵」だ、と思ってしまうのもムリありません。

感情を否定するから、反発して増大する

感情とは「自分を動かすエネルギー」だと言いました。

とくにネガティブ感情は、緊急事態を脱するための強いエネルギーなので、否定し、抑え込もうとすればするほど反発し、大きくなっていきます。ネガティブ感情もアナタの命を守ろうと必死なのです。

「怒らない自分になろう」としている人は、怒りを「否定」しています。

怒りを否定しガマンで抑え込むと、その強いエネルギーはカラダに残り続けます。消えたように見えても水面下ではフツフツと煮えたぎっており、つねにイライラした状態になっていきます。

そうすると、外からのちょっとした刺激に対しても過剰反応してイライラするようにな

り、いつしか抑え込んだエネルギーがドカーンと爆発してしまいます。

「怒らない」ことを目ざす人は、たまに怒らないでいられた瞬間だけは、一時的に自分を認められるかもしれません。しかしそれ以外のときは、いつでも自分を疑いの目で監視して暮らしています。

そして怒りを爆発させてしまっては、「ほら見ろ、やっぱり怒っちゃいけない！」と怒りを強く否定する、という無限ループの中にいます。

怒りは抑えれば抑えるほど増大するため、より抑え込むのが難しくなっていき、いつしか怒りとの戦いが人生のメインテーマとなります。

たくさんの本を読んだりセミナーに行ったりしても、なかなか怒りがなくならないのはそのためです。

このように、怒りを否定し、怒りと敵対しながら「怒らない自分」を手に入れることは、矛盾した、とても難しいことなのです。

これは怒りに限らず、不安や恐れといったネガティブな感情全般にいえることです。

ポジティブシンキングの功罪

向上心のある人ほど、ネガティブな感情が出てくるとポジティブな考えに切り替えようとするかもしれません。いわゆる「ポジティブシンキング」というものです。

・物事に対して楽観的な解釈をする
・ネガティブなコトバを避け、ポジティブなコトバを使うようにする
・ユーモアを大切にする

実際にやってみて、その試みはうまくいくときもあるかもしれません。でも落ち込んでいるときや疲れているとき、そしてカラダが【危険モード】にとらわれているときに、物事をポジティブに捉えることは至難の業でしょう。

ポジティブシンキングを〝つねに〟行うのは、不可能です。

また、「ポジティブであること」にこだわりすぎていると、「ああ、やっぱりオレはポジ

ティブに考えることができない、意志の弱い人間なんだ」と自分を責め、怒りを自分に向けたり、よりネガティブになったりと、逆の結果を生み出すこともあります。

ポジティブでいられるのは望ましいことですが、「ポジティブでいなければならない」という考えは、それ自体がネガティブの〝否定〟であることに気をつける必要があります。

怒りを否定すると、器の小さな人になる

「怒っちゃいけない」「怒鳴るのは最低なヤツがやることだ」と「怒り」を否定していると、そんな自分のルールに反して「怒り」を出す人を見ると、イライラ・ザワザワしてきます。

「オレはこんなに怒りを出さないようガマンしているのだから、オマエも怒るんじゃない!」という思考になっていく、ということです。

「怒鳴る上司」は嫌なものですが、上手にやりすごすのも、社会人のスキルとしてはとても重要です。

しかし、「怒っちゃいけない」と強く思っていると、「怒り」を出す相手に強く反応して

しまいます。

また、「怒りを否定することで怒りをためている人」どうしが出会ってしまうと、激しい怒りのぶつけ合いが始まります。いつもいがみ合っている2人っていますよね。その状況は、**お互いに自分の「怒り」で相手に「怒るなよ！」と訴え合い、怒りを増幅し続けているのです。**

このように、怒りを否定していると同類を引き寄せ、怒る場面をつくり出しやすくなります。

一方、「悲しみ（涙）」や「不安」といった、一見「弱さ」に思える感情を否定していると、そんな「弱さ」を見せる部下に対して、「仕事なのに泣くな！」「オマエは弱すぎる！」と過度にイライラしてしまい、その言動によりよけいに部下がついてこなくなる、ということになるかもしれません。
そのような人は**「弱さ」を受け入れられず、「強さ」だけを絶対的なものと考え、ガマンやがんばりを強要することでしか、部下を指導できなくなっていきます。**そう、過去のボクのように（笑）。

ほんとうは「怒らない人」「不安にならない強い人」といった器の大きな人になりたかったはずが、「怒り」や「不安」を否定しているために器が育たず、周囲が自分の気に入らないヤツや「敵」ばかりに見えてくるというカラクリ。

感情を否定することは、「その感情にとらわれている」ということと同じで、結局はその感情に振り回されてしまうことになるのです。

「感情」と「行動」を分けて考える

それでは、われわれはどうしたらよいのでしょうか。

まずはいったん、

「怒っちゃってもいいいやー」

「不安でもいいやー」

と、自分の感情にＯＫ（肯定）を出してあげるしか方法はありません。

とはいえ、とくに「怒り」にとらわれている人であれば、怒りを肯定したら大変なことになると感じると思います。

しかし、怒りの「感情」にはＯＫを出しても、怒りによる「行動」にＯＫを出す必要はありません。多くの人が、感情と行動をイコールで結びつけてしまっているから、怒りを認められないのです。

「（過去に）怒りを出す大人にひどく傷つけられた」、だから「怒り＝ダメ」、「（過去に）怒りで人間関係を台無しにしてしまった」、だから「怒り＝ダメ」、といった感じです。

ボクも中学のとき、暴力教師にひどい目にあわされましたので、その気持ちはとてもよくわかります。

ただアナタは、あのムカつく上司やお客さんに対して「そりゃあ怒って当然だ」と、自分の腹立たしい気持ち（感情）だけは認めてあげてもいいのです。

怒りを否定せず、自分の気持ちを認めながらも、相手を攻撃したり歯向かったりといった行動はしない、という選択もできます。

ただし、「怒り」という強い感情と「行動」を分離して冷静に対処するためには、「怒り」のことをよく観察してみる必要があります。

これまでのように「怒り」を否定して抑え込み、「怒り」のことをよく知らない状態のままでいては、正しく取り扱うことは難しいでしょう。

ネガティブ感情を肯定するということ

アナタがこれまで、「怒り」や「不安」といったネガティブ感情に振り回されてきたのは、もしかすると自分の感情を否定してきたからかもしれません。

もしも自分がネガティブな感情を許し、「怒ってもいいやー」と受け入れることができたなら、自由になってラクに生きられるだろうということは、なんとなく理解できるのではないかと思います。

もちろん、だれもがネガティブにならざるをえない会社での人間関係や環境の問題もあるでしょう。しかし、アナタと同じ職場にいながらも、機嫌よく、要領よく働いている人もいます。

そんな彼らは、間違いなく感情を受け入れ、味方にしている人たちです。

感情に振り回されていた人生から、主導権を自分に取り戻すには、感情のことをよく知り、わかってあげる必要があります。だからこそ感情を否定せず、「怒ってもいいのかも」「泣いてもいいのかも」「不安でもいいのかも」と考えてみてほしいのです。

感情を否定するとは、自分が自分の敵になっているということです（【危険モード】）。

感情を肯定するとは、自分が自分のいちばんの理解者になるということです（【安全モード】）。

さて、感情を肯定し、彼らのように楽しく働くためには、具体的にはどうしていけばいいのでしょうか。

次章では感情の仕組みをひもときながら、感情とのほんとうの付き合い方をお伝えします。感情と敵対することなく、仲間になることは可能なのです。

第2章

アタマが感情をこじらせている

カラダとアタマが感情を生み出す

感情を肯定し、味方にしていくために、本章ではちょっとだけ専門的な話に触れていきます。

人の脳は、大きく分けると3層の構造をしています。

いちばん深い内側の部分から「爬《は》虫《ちゅう》類《るい》脳《のう》（脳幹）」⇒「哺乳類脳（大脳辺縁系）」⇒「人間脳（大脳新皮質）」とよばれており、生物進化の過程でこの順番で出来上がった、といわれています。

いちばん内側の「爬虫類脳」はおもに、人間の生存にかかわる自律神経の調整や、心臓や内臓のコントロール、反射的動作といった「カラダ」に近い、命を支える本能的な部分を担っています。トカゲなどの生物は、このレベルまでの脳をもっています。

真ん中の「哺乳類脳」は高度な身体運動制御などを担います。そして本書の主題である「感情」もここから発生しています。

人間の脳とカラダ・アタマ・感情の関係

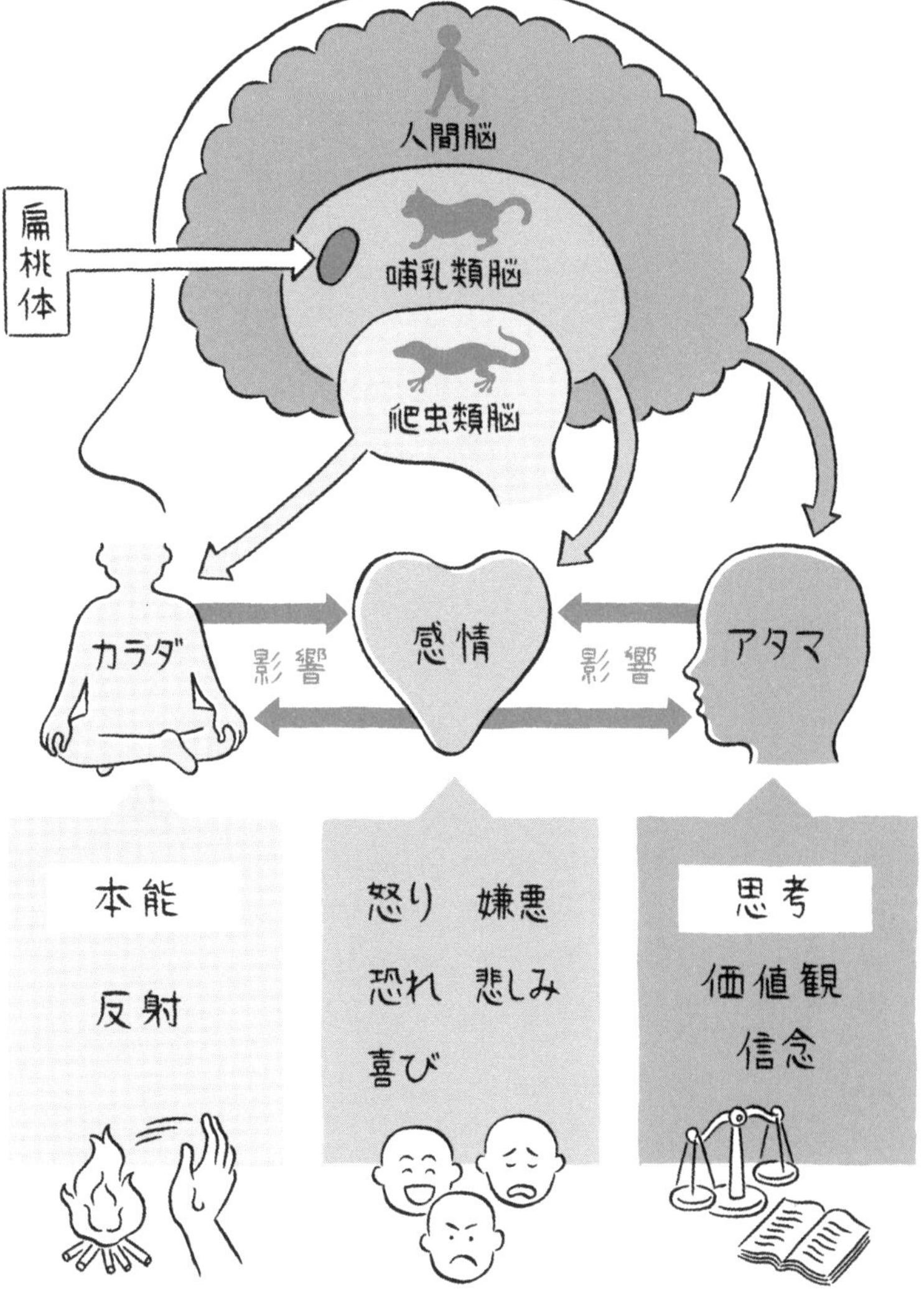

外側の「人間脳」はおもに、思考や理性といった「アタマ」の部分を担っています。

感情をつくり出す中枢といわれているのは、真ん中の哺乳類脳にある「扁桃体《へんとうたい》」です。アーモンド大の小さな器官で、左右にひとつずつ存在します。

扁桃体は、なにかを見た、聞いた、触ったといった「カラダ」から送られてくるさまざまな情報をもとに、過去の経験や記憶（記憶については54ページで触れます）なども参照することで、今この状況は「快／安全」か、「不快／危険」かを判断します。それがノルアドレナリン、アドレナリンなど脳内ホルモンの分泌に影響を与え、身体や思考をコントロールしていきます。

さらに、その人の個別の価値観、信念などの「アタマ（思考）」がミックスされることで感情が生まれます。

この「カラダ」と「アタマ」の連携はほぼ同時進行で、瞬時に行われます。

感情の中枢「扁桃体」は、脳の中の「カラダ（本能）」と「アタマ（思考）」の真ん中の位置にあり、それぞれから影響を受け、それぞれに影響を与える、という仕組みになっています。

ちょっと難しいので、細かいことは無視して結構です。ここでは、

「感情は『カラダ』と『アタマ』の交差点」

とだけ覚えてください。

感情とはカラダで「感じる」もの

感情とは「感じる」もので、「考える」ものではありません。実際に感情は「カラダの感覚」で感じています。

日本語とはおもしろいもので、次のように感情と「カラダ」がつながった表現がたくさんあります。

・怒り……腹が立つ、腹に据えかねる、腹の虫が治まらない、はらわたが煮えくり返る（腸）、頭に血が上る、怒髪天を衝《つ》く

・恐れ……血の気が引く（顔）、手が冷たくなる、体が震える、背筋が凍る、肝を冷やす

・不安……胃が痛い、胃に穴が開く、胸がザワザワ・モヤモヤする

・焦り……冷や汗が出る、胸がドキドキする、口が渇く
・悲しみ…胸が締めつけられる、胸が痛む
・嫌悪……苦虫を噛《か》み潰したよう（口腔）、胸がムカムカする
・楽しみ…胸がワクワクする、胸が躍る
・笑い……腹を抱える

これらのほとんどは、ただの比喩ではなく、実際に「カラダ」に反応が出ることがわかっています。昔の日本人は、このような感覚をしっかり「カラダ」でキャッチして、コトバにしていたのです。

アナタも不快なときの身体状態を少し思い出してみれば、喉の詰まりや胸のザワザワ感、胃腸の違和感・不快感などの感覚があることがわかるはずです。不安でストレスが続くと胃に穴が開くように、感情は「カラダ」に強い影響を与えています。

このように、「感覚（五感）」と「感情」は密接につながっており、切り離せないものなのです。

感情はカラダの中心線に表れる

原始の時代、「生物」とよべるようなものがこの世に生まれたころ、その形態は「管」の形をした腸だけの生物だったといわれています。

当時の生物は、腸だけで食物を取り込み、消化し、排泄をしていました。そして、腸だけで危険を察知したり、安全な方向を見つけたりしていたのです。つまり、腸だけですでに根源的な感覚（感情）をもっていました。**これを内臓感覚とよびます。**

やがて進化するにつれ、腸にさまざまな器官がつけ足されていきます。原始的な五感を担っていた部位が発達し、目、耳、鼻、舌などへと変化していきました。

筋肉を手に入れることで、いつしか遠くまで自由に移動できるようになり、さらに高度な活動を行うために、あとから脳が出来上がりました。脳はなくとも消化器官（腸）のない生物はいません。あくまでも脳（大脳）は後づけです。

前述の感情と「カラダ」がつながったコトバにも、胃腸に関するものが多いのは、原始的な感情を感じる部分が口から肛門までの「腸管」周辺にあることに関係しています。

そのため、感情のもととなる感覚（気分）は、おもに、口、喉、肺、心臓、横隔膜、胃、腸、生殖器などの内臓で感じているともいわれています。

また、感情をグッとこらえるときにはカラダを固めるため、筋肉に感情が残ることもあります。

このことは、あとの章で大切になるので、覚えておいてください。


このように、過去の記憶とも連携しながら、カラダが原始的な「感情（感覚）」をつくり出すとともに、「アタマ（思考）」が同時進行でその補助をすることで、より「複雑な感情」をつくり出します。その感情はまた「カラダ」の感覚にフィードバックされる、という順序になっています。

実際には、カラダとアタマ、感情と神経系はもっと複雑な関係ですが、本書ではこのくらいの説明にとどめておきます。

感情はアタマだけでは抑えられない

感情はアタマとカラダの間にあります。そのため、「感情」を味方につけるためには、両方からのアプローチが必要となります。

そのアプローチは同時進行で行いますが、うまくいかないときは、「つねにカラダが先」と覚えてください。


アタマはいつも、なんでもわかったかのように〝司令官〟のような態度をしていますが、しょせんアタマは、カラダ全体から見れば器官の一部でしかありません。

でも、われわれは意外とそのことを忘れがちです。**アタマの言うことばかりに従ってしまい、いつもカラダからの声をおろそかにしています。**


カラダが【危険モード】で不安や恐れを〝感じて〟いたら、アタマは最悪の事態を想定し、物事を悲観的に〝考え〟、逃げるための手助けをするようにできています。

カラダが【危険モード】で怒りを〝感じて〟いたら、アタマは周囲を敵だと〝考え〟、攻撃するために相手の弱点ばかり（嫌な部分ばかり）を探し始めます。

カラダが【危険モード】で疲れを〝感じて〟いたら、アタマはなんでもめんどうくさいと〝考え〟ます。なぜなら、「休まなくてはいけない」とカラダが思っているからです。

一方、カラダが【安全モード】で安心を〝感じて〟いれば、アタマは物事を肯定的・希望的に〝考える〟であろうことは、感覚的に理解できるでしょう。

アタマの思考だけでカラダを抑えつけ、言うことを聞かせようとするのは大変です。目の前に梅干しがあったなら、口の中に唾液が出てきてしまうのを、思考では止められないのと同じです。**目の前の上司の言動に「ムカつく！」と憤りを〝感じた〟のなら、いかに「怒っちゃダメ！　落ち着け！」とアタマで〝考えた〟としても、それはムリなお話なのです。**

感情はそもそも、思考で否定したり抑えつけたりするものではありません。

感情を否定し、感情に振り回されることで普段からイライラ・ザワザワしている人は、それを本やセミナーなどで学んだ知識や理屈（つまりアタマ）だけでなんとかしようとしては、撃沈を繰り返しています。

そうして感情に主導権を握られることで、どんどん自分の人生がコントロールできないものだと感じていきます。

だから、**まずは「カラダ」の声を聴く。**

カラダに出ているネガティブな感覚・感情を、「自分を生かそう、命を守ろうとしてくれているんだな」と、いちどそのまま受け止めて肯定してあげる。そのうえで、アタマの言っていることを吟味してみる。

カラダとアタマが反発し合っていると、人生はうまく流れていきません。カラダとアタマの足並みが揃っていると、人生はスルスルと流れていくようになります。

本音の感情はアタマでゆがめられる

進化の過程からみても、アタマは司令官ではなく参謀役です。だから、参謀がおかしな考え方をしていると、感情に多大なる影響を及ぼします。

われわれ現代人は、アタマで生きることを周囲から強いられます。

子どものころから、男の子だから女の子だから、お兄ちゃんだからお姉ちゃんだから、成長してからは、もういい大人だから、新人だから、先輩だから後輩だから、課長だからと、さまざまな役割を背負っていきます。

さらに、しっかり、ちゃんと、フツーは、常識的には、社会人たるものは、といったコトバで、自分の感じているはずの「本音」をどんどん否定し、封印してしまいます。
「怒っちゃいけない」「不安なんて言えない」「悲しんでいちゃダメ」
「がんばらなきゃ」「ガマンしなきゃ」「ポジティブに考えなきゃ」
「もっともっと強くならないと……」

いつしか自分の「本音」はなきものとされ、無意識のうちに否定されていく。**現代人はだれもが、ネガティブな感情が浮かんだとたん、無意識に〝瞬殺〟するのがココロのクセになっています。**

ボク自身も、職場では自分を叱咤激励《しったげきれい》して働くばかりで、自分の気持ち（感情）なんてほとんど考えたこともなかった気がします。

しかし、命からの叫びである感情をなきものにしようとしても、**感情はいつでもそこに〝ある〟のです。**

感情と仲良くなるためには、アタマ（考え方）への再教育が必要になります。しかし、そのうえでもカラダ（感覚）の声を聴くほうが先だという点は、覚えておいてください。

本音の感情をアタマで“瞬殺”している

現代人はアタマで感情・感覚を抑え込みすぎ

記憶と感情の関係性

感情には「記憶」も関係していると書きました。

脳内では、過去の体験や記憶というデータベースと、今感じている五感の感覚や内臓感覚からの不快さを照らし合わせることで、現在の状況が危険かどうかを判断し、必要な感情がつくり出されます。

記憶には大きく分けて2つあります。

アタマによる記憶と、カラダによる記憶です。

アタマ記憶は、忘れやすく引き出しにくく、カラダで体験した体感覚で覚えている記憶は、忘れにくく引き出しやすいのが特徴です。

小学生のとき一生懸命覚えた教科書の内容はスッカラカンに忘れてしまったと思いますが、自転車の乗り方は、大人になってもすぐに思い出すことができます。

さらに、過去にこういうことがあったという体験の記憶と、そのときにカラダで感じた「楽しかったなぁ」「腹立ったなぁ」という感情（感覚）は、密接につながっています。

アタマ記憶・カラダ記憶と感情の関係

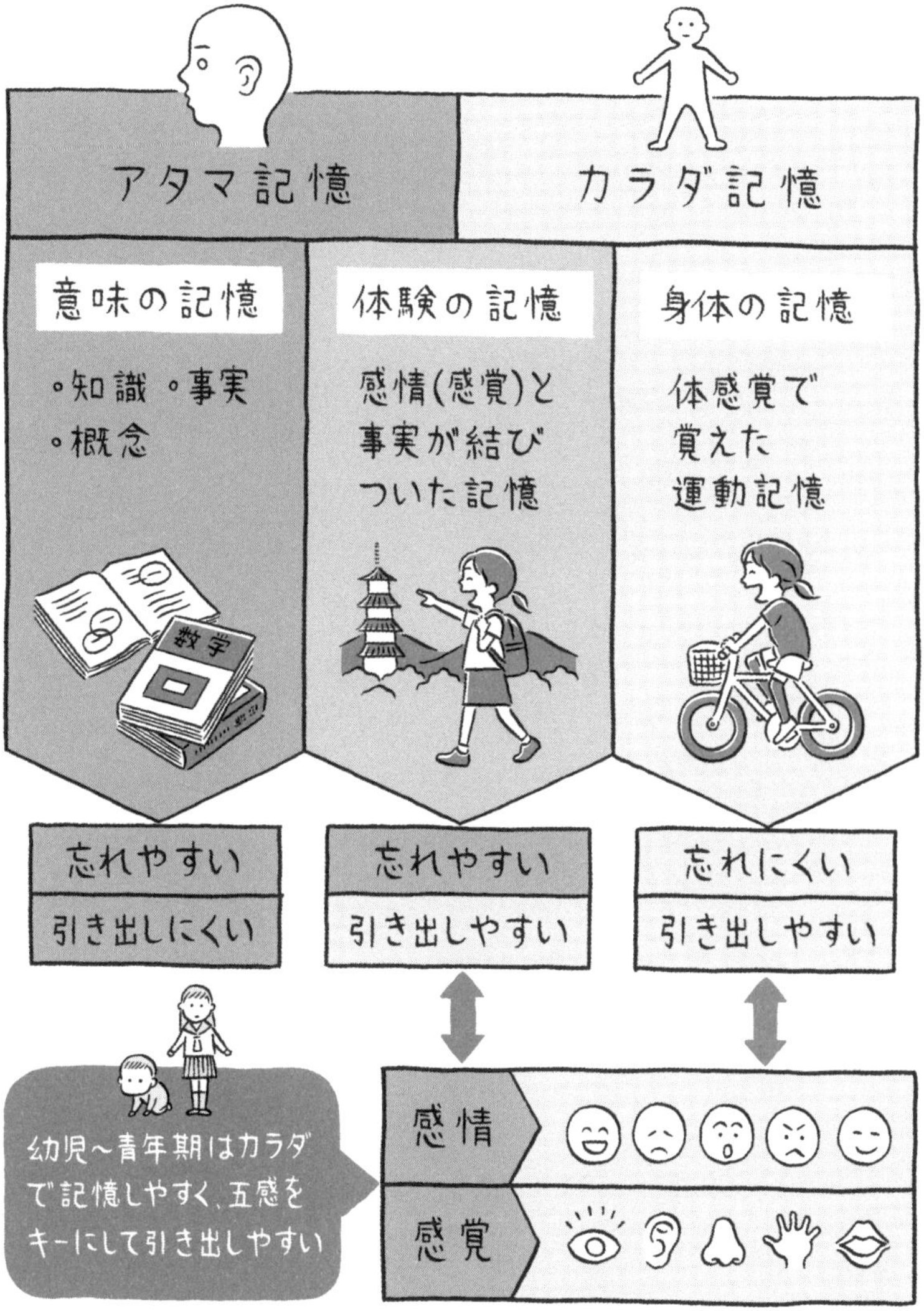

怒ってしまうのは、幼少時の記憶のせい？

映画に「レイティングシステム」ってありますよね。子ども・青年のために設けられた年齢制限のことです。

制限の理由は、子どもに見せるには過激だから、悪影響があるから、ということで間違いはないのですが、「記憶」と「感情」という点から考えるとよくわかります。

幼いころはアタマ（理性や思考）が未発達です。そのため、なんでも素直に「カラダ」で覚えてしまいます。理屈抜きに「体験」から記憶してしまうのです。

そして、**カラダ記憶は「忘れにくく、引き出しやすい」と言いました。だから幼い日の体験は、そのまま大人まで引き継いでしまいやすいのです。**

しかも、脳は「イメージやフィクション」と「現実」を区別することが苦手です。理性が介入しにくい子どものころは、それがより顕著になります。

だから、子どものときに過激でショッキングな恐ろしいものを見たり体感したりすると、めちゃくちゃ深刻にカラダに残ることがあります。そして、それを大人になってもありありと思い出すようになりやすい。わかりやすいコトバで言えば、**「トラウマになりやすい」**ということです。

かりに明確な記憶としては残っていなくとも、幼い日にしんどい環境で育ったり、思わぬ出来事でショックを受けたりしたことを、カラダが覚えていることがあります。

そのとき自分を守るために出てきた「怖い」「不安」といった感覚だけが〝漠然〟と残っていて、同じような場面に出会うと、カラダがその感覚を思い出してしまいます。

そのような人は**【危険モード】**に入りやすく、過去の恐れの感情が今の行動を制限してしまっていることが多いのです。

もしかすると、アナタにも心当たりがあるかもしれませんね。

カラダを通して蓄えられた膨大な記憶のデータベースは、生命を守り、生かすために出来上がっています。生き残り戦略をカラダが覚えているということです。

感情を味方にする4つのポイント

さて、ここまでつれづれと感情の仕組みを説明してきました。
感情は自分を生かし、幸せにするためのもの。だから、まずは感情を全肯定し、受け入れてあげる必要があります。

ネガティブ感情を上手に肯定し、その過剰なエネルギーを終わらせていくために、ここでポイントを整理しておきます。

① **感情は自分を生かすためのサインであり、エネルギーである（カラダ）**

・ネガティブ感情は命を守るためのもの。逃げたり抑え込んだりすると、「ヤバいよ！」と反発し、さらに大きくなってしまう。
・現代人は無意識に感情を否定し、抑え込んでいる。
・感情はエネルギーなので、抑え込むとカラダに残る。

②

感情はカラダ（感覚）で感じれば、消えていく（カラダ）

・感情はカラダの反応（おもに内臓の不快感や、筋肉の硬直など）として出る。
・否定していると感じにくいので、まずは「肯定」してあげる。
・出てきたエネルギーは一時的に自分を守るためのもの。だから、**ちゃんと使って（感じて）終わらせてあげる。**
・過去にため込んできた感情も、感じることで一緒に消えていく。
・アタマで考えると、さらに否定してしまったり、妄想が広がってしまったりして、終わらなくなる（第5章で詳説）。

③

【危険モード】のカラダに「安心・安全」を感じさせてあげる（カラダ）

・【危険モード】だと、ネガティブ感情が過剰に発動する。
・**幼い日からカラダで危険を感じてきた人は、それを今でも思い出しやすく、「世界は危険だ」と感じやすい。**
・カラダの記憶を、「危険」から「安心・安全」に書き換えていく。
・感情を否定しないことが、「自分が自分の仲間になる＝安心」ということ。

④　**考え方の「再教育」も必要（アタマ）**

・怒りや不安への正しい知識、物事の考え方や捉え方を変えていく練習も必要。
・ネガティブを受け入れて初めて、ポジティブシンキングが役に立つ。

①～③が、カラダへのアプローチで、④がアタマへのアプローチです。
④は次章以降で詳しく説明するとして、本章の最後では、①～③から考案した、感情を肯定するためのワークをご提供します。

感情をカラダで肯定する方法

この方法は、心理学、生理学、さまざまなボディーワーク、呼吸法、内観法などなどを組み合わせてつくり上げたものです。感情を肯定し、自己肯定感を上げる「だれにでもできるカンタン瞑想法《めいそうほう》」だと思ってください。

近年ビジネスマンの間で瞑想がブームになっています。元アップル社CEOの故スティーブ・ジョブズが禅を愛好し、座禅に励んでいたことは有名です。またグーグル社が社員のパフォーマンスを上げるために「マインドフルネス（今この瞬間に心を向けること）」

を採用したことでも、一躍有名になりました。

ここで紹介する方法が、座禅やマインドフルネスなどと違うところは、「明確に感情を肯定・受容すること」と「現在だけでなく、過去の未完了の感情のエネルギーを終わらせるという点にアプローチしていること」です。

そう書くと難しそうですが、めちゃくちゃ簡単です。ちょっと練習が必要ですが、だれにでもできるようになります。

このボディーワークがこの本でお伝えするすべての基本となりますので、迷ったときは、いつでもこの方法に戻ってきてください。

感情をカラダで全肯定するワーク【簡易版】

① イライラ、モヤモヤ、ザワザワ、ドキドキとした感情が出てきたら、胸やおなかなど違和感や不快感のある場所に手を当て、深呼吸する。

② 「感じていいよ」「出てきていいよ」（「怖くていいよ」「怒っていいよ」「不安でいいよ」「嫌でいいよ」「泣いてもいいよ」などでもよい）と、声に出す。

③　カラダの違和感や感覚だけを、しっかりじっくりと感じて観察する。ある程度収まっていけば終了する（5分〜20分程度）。

これだけです。

根源的な感情は内臓に出ると書きましたが、ほかの部分（たとえば肩が固まる、目が重いなど）が気になる場合は、その部位を感じてあげれば結構です。

人は無意識に、感情を感じないように「否定」「抑圧」しようとしてしまうため、明示的に「いいよ」と声に出すことで、感じることに「許可」を出しています。これが感情への「肯定」となります。

こうやって感情に許可を出しながら、いつもカラダがどんな思いや感情を発しているか、カラダと対話するクセをつけていってください。そうすると、カラダがなにを感じているのかということに、いち早く気づけるようになり、感情に振り回されることも減っていきます。

ネガディブ感情はカラダで肯定する

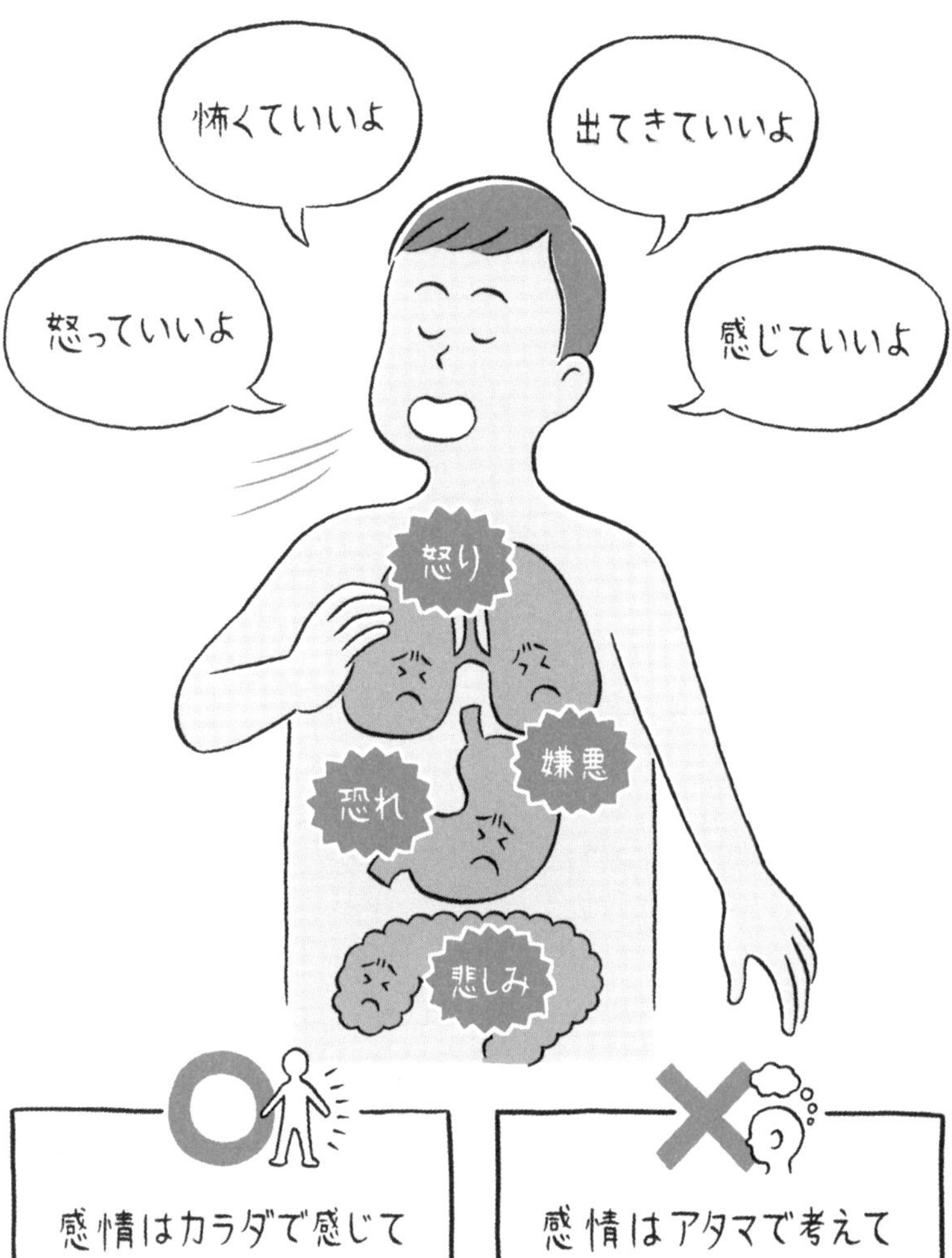

とてもシンプルですが、ボク自身はもう②も明示的にはやっていません。ただ感情が出てきたら、みぞおちをさすりながら、深呼吸をしてその感覚を感じるだけで、だいたいの感情は収まっていきます。

ボクがこのワークを日常的に使うようになって気づいたのは、これは、じつはただの「正しい落ち着き方」だったということでした。

だれもが腹が立ったり不安になったりしたら、胸に手を当てて落ち着こうとするものです。カラダはすでに感情の取り扱い方を知っていたのに、アタマで考えすぎ、相手を変えようとばかりしていたため、そんなアタリマエのことすら忘れてしまっていたのです。

怒っている自分、不安な自分、そんな自分に自分が寄り添い、「共感」してあげることで、命からの声である感情は、徐々に収まっていきます。

巻末では、このボディーワークに詳しい理論をつけ足して説明した【完全版】を紹介しています（204ページ参照）。本書を読み終わったあと、ぜひ参考にして実践してみてください。

第3章

怒りのトリセツ準備編

【怒り】のエネルギーは使いよう

すべての感情は密接に関係し合っている

前章までは、感情を肯定し受け入れるということについて、おもに「カラダ」の面から説明してきました。本章からは、ネガティブ感情を味方にしていく「アタマ」での具体的な考え方を、ケーススタディーを交えながらお伝えしていきます。

「怒り」を中心にお話ししますが、ネガティブな感情はすべてが「命を守る」という役割を担っています。「不安」や「悲しみ」などの感情は、それぞれ違うものに見えますが、「命の守り方」が違うだけで、じつは密接に関係し合っています。そこで本書では、「怒り」の本質を理解するために、すべての感情について、順を追って説明します。

ところで、感情にはいくつの種類があるのでしょうか。

日本でよく使われる「喜怒哀楽」は、４つの感情を表す漢字から成り立っていますが、「喜」と「楽」は似ている印象がありますし、職場で感じることの多い「不安」や「恐れ」などは含まれていないように見えます。

「感情地図」による感情の分類

5つの基本感情	46の詳細感情		
怒り anger	激怒 fury	執念 vengefulness	恨み bitterness
	論争性 argumentativeness	憤慨 exasperation	フラストレーション frustration
	いらだち annoyance		
嫌悪 disgust	強い嫌悪 loathing	憎悪 abhorrence	反感 revulsion
	嫌気 repugnance	味・匂い・モノへの嫌悪 distaste	嫌い aversion
	苦手 dislike		
恐れ fear	非常な恐ろしさ terror	恐怖 horror	パニック panic
	自暴自棄 desperation	極度の心配 dread	不安 anxiety
	緊張感 nervousness	狼狽 trepidation	
悲しみ sadness	苦悩 anguish	悲嘆 sorrow	悲痛 grief
	失望 despair	悲惨 misery	絶望 hopelessness
	無力感 helplessness	あきらめ resignation	取り乱すほどの悲しみ distraughtness
	挫折 discouragement	残念 disappointment	
喜び enjoyment	狂喜 ecstasy	興奮 excitement	驚嘆 wonder
	子どもや教え子が成長した誇らしさ naches	困難な挑戦を乗り越えた喜び fiero	自分や仲間の成果から得る喜び pride
	平穏 peace	安心 relief	他人の不幸を喜ぶ気持ち schadenfreude
	おもしろい amusement	同情 compassion/joy	温かな気持ち rejoicing
	感覚的な喜び sensory pleasure		

「カラダ(本能)」の感覚に「アタマ(思考)」が意味づけをすることで、たくさんの感情分類が出来上がります。

(「Atlas of Emotions」[http://atlasofemotions.org/]をもとに筆者作成)

ある研究によると感情は２１８５種類あるともいわれますが、本書では、チベット仏教の指導者であるダライ・ラマ14世とアメリカの心理学者ポール・エクマン博士により２０１６年に発表された「感情地図（Atlas of Emotions）」をベースにします。

この「感情地図」では、感情を「怒り（anger）」「嫌悪（disgust）」「恐れ（fear）」「悲しみ（sadness）」「喜び（enjoyment）」の５つに分け、これらの基本感情をさらに46種類に分類しています。たとえば「怒り」のグループに「恨み（bitterness）」「いらだち（annoyance）」が含まれたり、「恐れ」のグループには「不安（anxiety）」があったりと細分化されています。

そのため、５つの基本感情の取り扱い方を知れば、その他の細分化された感情についてもほぼ同じように扱うことができ、感情の達人になれます。

ちなみに、５つの基本感情は、２０１５年のディズニー／ピクサー映画「インサイド・ヘッド」において、「ヨロコビ・ムカムカ・カナシミ・ビビリ・イカリ」という5人の感情キャラクターのベースになったともいわれています。

本章ではまず、本書の主題である「怒り」について扱います。

怒りは複雑な感情なので2章に分け、「怒り（準備編）」⇒「嫌悪」⇒「恐れ」⇒「悲しみ」⇒「怒り（本編）」⇒「喜び」の順に5つの基本感情を説明していきます。

怒りは防御のための強いエネルギー

怒りは「なにかがうまくいっていないこと」を教えてくれる感情です。

ネガティブ感情は「命を守るため」のものですが、その最も危機的な状況において、最前線で戦ってくれるのが、この「怒り」です。

うまくいっていないので、**「イライラ（いらだち）」**と腹立たしい気持ちになるとともに、目の前の人を外敵と認定したときは「危険だよ！　守って！」と、**自分を「防御」するための強いエネルギー**となって現れます。

会社でパワハラにあったら「やめてください！」とはねのける必要がありますし、理不尽な要求に対して「NO！」と言うためには、強いエネルギーが必要です。

また特定の相手がいなかったとしても、危険な状況を打破するために出てくる力ですので、いわゆる「火事場のばか力」だと思えば、わかりやすいでしょう。

ですから「怒り」は、「なにくそ！」と自分を鼓舞するエネルギーとして使えれば、莫大なパワーを発揮します。

怒りに理屈を足すから複雑になる

カラダレベルの怒りのエネルギーに、アタマでいろいろな意味をつけることで、怒りにたくさんのバリエーションが生まれます。

純粋なカラダの「怒り」に対して、職場であれば昇進や評価などが「奪われる」「なくなる」と、アタマで理屈を足すことで、「嫉妬」や「妬み」が生まれます。さらに、これらが度を越すと「恨み」や「執念」へと変わっていきます。

仕事で失敗し、同僚から「オマエ、バカだなぁ」と言われたことで、「侮辱された！」と感じるのも怒りのひとつですが、もし、「オマエ、バカだなぁ」というコトバが親しみから発せられたものだとするなら、アタマでよけいな意味をくっつけたことが原因で「怒り」へと変貌したといえます。

カラダとアタマの境界線は複雑で曖昧なものですが、もともとの「怒り」自体は、純粋に自分を守ろうとして出てきたものです。このように分析して考えてみると、「怒り」をアタマでこねくり回して考えてしまうと、あまりいい結果にならない、ということも見えてきます。

これは、「嫌悪」「恐れ」「悲しみ」といったほかのネガティブ感情も同じです。

怒りをこじらせる呪いのコトバ

本書を手にとった人や、ボクのカウンセリングに来る人たちは、いわゆる「いい人」なのに怒ってしまう、という矛盾した状態にいることがほとんどです。

そんな人たちは、世間では一見すばらしいと思われているコトバで自分を縛り、「怒り」を抑え込んでいることがあります。みなさんも次のような聞こえのいい「呪いのコトバ」を持ち歩いていないでしょうか。

・「もっと相手を理解しなくては」
⇩相手を理解する前に、自分（の感情）への理解がないと、怒りを扱えません。
・「冷静にならないと」
⇩冷静になることと、怒りを否定することは違います。
・「周りに迷惑をかけてはいけない」
⇩怒りの感情を認めてあげることと、迷惑をかけることは別のものです。
・「自分さえガマンすれば、丸く収まる」
⇩収まっていないから、本書を手にとったのでしょう？

呪いのコトバを手放して、「怒ってもいい人」になりましょう。

怒りすぎも怒らなすぎもよくない

怒りとは本来「相手と自分を（一時的に）切り離すための感情」なので、怒りをむやみに使うと、人が離れていきます。

そうすると孤独な状況になりやすく、より安心・安全を感じられなくなって世界を【危険モード】で捉えてしまい、怒りに訴えるという悪循環に陥ります。

逆に、「怒り」を出せない、ほとんど感じないという人も、たくさんいます。

これは、幼い日に怒りによって人を傷つけてしまったショックや、親から、より強い怒りで抑えつけられた経験によって、怒ることをあきらめていたり、禁止してしまったりということが理由です。

会社にも、「怒り」を使えず、言われるがまま、されるがままのサンドバッグ状態になっている人がいるかもしれません。しかし、他者に踏み込まれないよう境界線をつくるためには、「怒り」が必要な場面もあるのです。

自分の中に「怒り」があることを認めてあげないと、自分を守ることができません。

そんな人は「あえて怒る」「怒りを出す体験をしてみる」ことで、「自分の中にもこんなエネルギーがあったんだ」ということを、カラダで思い出す必要があります。

そういう意味合いでも、怒りを肯定していくことが大切なのです。

強い怒りは発散が必要！

怒りは、相手をはねのけたり、困難な状況を打破したりするためのエネルギーなので、とても強い「運動エネルギー」でもあります。ですから、強すぎる怒りを抱えている場合は、怒りをそのままの状態で取り扱うのはちょっと難しいです。

怒りの本質的な対処法は第7章に譲りますが、**まずは怒りのエネルギーを冷静に扱える程度まで発散し、クールダウンしましょう。**

怒りを相手にぶつけることなく発散する方法はたくさんあります（80ページ参照）。ボクはムカムカ・モヤモヤしたときはよく、ひとりで車を運転しながら大声を出してきます。それだけで、ものすごくスッキリします。

この場合、**自分の〝意思〟で「怒り」を出す、ということがポイントです。**続けていくことで、自分が感情に対する主導権を握っているという感覚も生まれ、感情に振り回されることが減っていきます。

他人を傷つけない、自分に合った方法を見つけられると、安心にもつながります。

ケース1「人の悪口」も使い方しだい

ボクが会社に入ったばかりのころ、だれからも好かれ、人望の厚い先輩がいました。しかし、ボク自身はあまりその人のことを好きではありませんでした。

先輩は、残業したあとによく飲みに連れていってくれたのですが、飲み始めると、上司や顧客に対して、ひどく「怒りをあらわ」にするのです。

「アイツは全然わかってない！」
「あんな言い方ねぇだろ！」
「バカヤロー！　死ね！」

よくあるタチの悪い酔っぱらいのグチと言えばそれまでなのですが、その怒り方が尋常ではなく、店から「出ていってくれ！」と言われるレベルなのです。

しかし先輩は、いつも次の日になるとケロッとしており、手のひらを返したように上司にもお客さんにも上機嫌で対応します。

若かりし日のボクはその姿を見て、「この人は、なんて二枚舌なんだろう。ココロの中でなにを考えているかわからない、理解できない」と思っていました。「怒ることはよくない、レベルの低い人間がすることだ」とも考えていましたので、よりいっそうこの先輩を裁く気持ちがありました。

それなのに、先輩は上司にもお客さんにも信頼され、同僚からの人望も厚いのです。

今考えればわかります。

先輩は自分の「怒り」を否定せず、肯定していたのです。

だから怒るときは怒る。ただし社会人のわきまえとして、本人の目の前で怒りを爆発させるという行動はしない。そう決めていたのでしょう。

飲み屋でグチることで、上手に発散していたのだと思います。

思い返してみると、彼が強く怒っていたときは、ほんとうに相手のためを思って言ったことが伝わらなかったときや、ボクら後輩を守ってくれようとしているときでした。すごく正義感の強い、熱い人だったのだと思います。

極端すぎて、理解できない部分もありましたが、そんな〝素直〟な彼だからこそ、みんなが慕っていたのでしょう。

「怒り」を嫌い、否定して、〝素直〟じゃなかったのは、ボクのほうだったのです。

ケース2「怒りのエネルギーがもったいねぇ!」

会社の上司としょっちゅうバトルしてしまうという吉田さん(仮名)が、カウンセリングに訪れました。

「怒らない自分になりたい」と言うので、「怒っていいよー」と伝えると、「え、怒っていいんですか⁉」とビックリしていました。

吉田さんはどうしようもない上司に対し、「正しさ」を掲げて怒っているようすです。正義感の強い人で、みんなのために職場の労働環境を改善したいという思いから、上司と戦っていました。

吉田さんには、

「怒りの感情にはOKを出すこと」

「その怒りをカラダで感じて、自分でわかってあげること」とお伝えし、練習してもらいました。

そのうえで、上司に向かっているエネルギーの矛先を変えてもらうため、「そのエネルギー、もったいねぇー(笑)」というコトバを一緒に練習し、持ち歩いてもらいました。

上司に怒りが湧いたら、「こんな上司に、エネルギー使うのもったいねぇー(笑)」と言ってもらうのです。「(笑)」がポイントです。

吉田さんはもともと仕事ができる人だったのですが、エネルギーの無駄遣いをやめて、バリバリ仕事に取り組んでもらうことで、より成果をあげられるようになりました。

その後昇進を果たし、その上司からも「卒業」。怒ることはまだあるそうですが、「怒って当然」「怒っていいよ」と、自分が自分の気持ちをわかってあげることで、ココロが安定するようになりました。他者が怒りを出すことにも寛容になったそうです。

強い怒りのエネルギーを上手に使うコツは、**「怒りのエネルギーの矛先を変える」**、これに尽きます。

さて、これでアナタの怒りも少し落ち着いたでしょうか。

本章は、怒りの感情を扱う準備運動のようなものです。ぜひこのあとの「嫌悪」「恐れ・不安」「悲しみ」、そして「怒り（本編）」を読み進めることで、ネガティブ感情を自分の味方にしていってください。

怒りを
味方にするワーク
―― カラダ ――

「こんなことはすでにやっている」という人も、怒りを否定した状態ではなく、「怒りは大切な感情だ」という意識でやってみると、結果が大きく変わります（怒り以外のネガティブ感情も同様です）。

大きな声を出す

大きなエネルギーを使うので、10分もすれば疲れてきて、「ふう」と気持ちが落ち着きます。カラオケボックスや自分が運転する車の中で叫ぶのがオススメです。嫌悪や恐れでも効果があります。

その場で垂直ジャンプ

「アタマに血（気）が上っている」状態を、下に下ろす効果があります。「地団駄を踏む」というコトバが示すとおり、足からエネルギーを発散することは、われわれが自然にカラダで行ってきたことです。

アタマは「怒りでカオスな状態」と「トントンと飛ぶリズム運動」とを両立できないことから、飛んでいるうちに落ち着きます。

罵《ば》詈《り》雑《ぞう》言《ごん》を書き出す

「ペンを手に持って書く」という行為は、カラダへのアプローチです。怒りを感じた相手への思いの丈を「書きなぐる」イメージです。ノートの線に沿って書くことなどは気にせず、「こんなこと、書いていいのかな」といったコトバや汚いコトバこそ書いてみてください。ただし、書いてスッキリしない人には、この方法は不向きです。

怒りを
味方にするワーク

アタマ

怒りを課題解決に使う

怒りは脳内にアドレナリンが出るため、集中力と突破力を生み出します。また、【危険モード】は「どうしたら目の前の敵に勝てるか」「どう動けば攻撃を避けられるのか」を一瞬で判断して対処するためのモードのため、アタマの回転も異常に速くなります。そのため、仕事での課題解決や企画立案など、高いハードルをクリアする助けとなります。

① 難しくて保留している課題や、新しく考えなければいけない企画の概要を、あらかじめノートに書き出しておく。

② 怒りでムカムカしたら、その場でノートを取り出して、その課題に取り組んでみる。

③ 思いのほか成果が出たり、怒りのエネルギーを消費できたりすると、機嫌もよくなる。

怒りのピークが過ぎるのは早いので、怒りのテンションのまま、その場ですぐに書き出し始めることがポイントです。いつも上手に使えるわけではありませんが、やってみると、その効果の高さに驚くでしょう。

怒りのトリセツ　準備編

まとめ

▶ 怒りは「うまくいっていないよ、すぐ対処して！」「危険だよ！守って！」というサイン

▶ 怒り自体は、純粋に自分を守るために出てくる大切な感情

▶ 怒りは強いエネルギーなので、冷静に扱える程度にまで発散する必要がある

第4章

嫌悪のトリセツ

【嫌悪】は怒りへと変わる

嫌悪は危険を検知するための感情

「嫌悪」は、「それ、避けたほうがいいよ」というサインです。

いつも同じ仕事の繰り返しで「嫌気」がさす、お客さんへの「苦手」意識や、上司への「反感」といった感情も、嫌悪の一種です。「その対象物や人から離れたい」「距離をとりたい」といった感情のことをいいます。

「嫌悪」は、気分が悪い、胸がムカムカする、吐き気がするなど、カラダの感覚と直接的につながっています。

これは、有害なものを避けるために、生物が培ってきた能力です。毒のある食べ物や危険そうな場所を、臭いや見た目、音、味、肌感覚、内臓感覚から感知し、ケガや病気、死に至ることを回避しています。

「怒り」はすでに危険な状況に巻き込まれているときに、それを打破する感情であるのに対し、「嫌悪」は、危険な状況に至る前に、有害なものを検知するための感情で、どちらも自分を守っているという点では同じです。

ところで、フルーツが好きな人は多いと思いますが、ボクはフルーツ全般が苦手です。「おいしい」と思わなくもないのですが、小学校の給食の時間にも、周囲に「あげるよ」と配っていました。

その後も、ムリをして食べる必要はないとは思いながらも、自分の味覚がちょっと変なのではないかと思っていました。ところが大人になってから詳細なアレルギー検査をしたところ、果物全般を強いアレルゲン物質だと認識するカラダだとわかったのです。

このように、「嫌（イヤ）」という感情は、アタマではなく、カラダのレベルで自分自身を守ってくれています。

「嫌い」と「悪い」は似て非なるもの

嫌悪というコトバは、「嫌い」と「悪い」からできています。

「嫌い」も「悪い」も、自分を守るためにとても大切なものですが、**「嫌い」はカラダが本能レベルで拒否しているもので、「悪い」はアタマ（思考）が自身の価値観に反するものをジャッジしています。**

たとえば、ボクはヘビが嫌いですが、「ヘビが悪い」とは言いません。ヘビ自体にいい悪いはなく、ただ単に「ヘビに近づくことが危険だ」と〝感じる〟から「嫌い」なのです。

このように、カラダからの「嫌い」は肯定してあげる必要がありますが、その一方で、アタマからの「悪い」は、少し疑う余地があります。

ケース3 ネガティブ上司は「悪い」のか？

「どうしてもこの人の言動が気にいらない、許せない」と反応してしまうことが、だれにでもあると思います。

ボクは「上司（上に立つ人）は『陽』である〝べき〟だ」と思っていました。「陽」とは、「明るくポジティブで親切で、コミュニケーションが上手な人」といった意味です。それが立派なリーダーで、みんなのお手本になる人だと信じていました。

あるとき、仕事はできるけれど、暗くてネガティブな「陰」の人がボクの上司になりました。上司のくせにネチネチとモチベーションを下げることばかり言うし、いつも飲み会にも来ず、人との交流をあまりしない人で、ボクはその上司を「嫌悪」していました。やがてその嫌悪は、「なんであんなに暗いんだ！」というイライラや「怒り」へと変わっていき、よく職務上も反発していました。

後々になってから、当時は、**「暗くてネガティブな人は『悪い』、だから『嫌い』」**という思考回路になっていたことに気づきました。「悪い」人は、自分に害を及ぼす（自分も「陰」になってしまう）かもしれないから、**「嫌い」というエネルギーを使ってその人を遠ざけるか、あるいは、「怒り」の力で相手を変えようとしていたのです。**

そしてその「悪い」は、上司になった自分をも強く裁き始めました。

周囲の人たちとワイワイできる明るさもなく、人付き合いも苦手でダメな自分。だから、そんな自分を否定しては、ムリして明るく親切なふりをして働き、週末はグッタリ。「上に立つ人は『陽』であるべきだ」という思い込みをもっていたせいで、上司だけでなく、自分自身さえもどんどん「嫌い」になっていきました。

やがて気がつけば、**嫌いだったはずの「ネチネチとモチベーションを下げることばかり言う上司」に、ボク自身がなっていたのです。**

今思えば、同僚はその上司とうまくやっており、よく一緒に笑っていました。きっと同僚は「『陰』を悪い」とは思っていなかったのでしょう。

ボクが勝手にネガティブ上司を「悪者」にしていただけでした。

このような、「上司は『陽』である〝べき〟だ」といった、**自分を縛る「べきねば」思考（アタマ）があると、他人や自分を裁き、嫌悪や怒りなどの感情がたくさん出てきてしまいます。**

「べきねば」は他人も自分も裁く

「なぜ『べきねば』がいけないのですか？」と聞かれることがあります。

たとえば、「人には親切にするべきだ」という「べきねば」があった場合、これ自体は悪いものには見えないかもしれません。

しかし、〝べき〟があると、**「すべきことができない他人や自分」を否定し、追い込んでしまうことになります。**


すごく疲れた会社帰りの電車で、ぐったりと椅子に座ってうなだれているアナタがいます。そこにお年寄りがやってきて、目の前のつり革につかまりました。

「ああ、疲れてるし……」

「動きたくないし……」

と思ってるうちに、隣の人が笑顔で「どうぞ」と席を譲ります。

そうするとアナタは、

「ああ、人には親切にする〝べき〟なのに、オレはなんてダメなヤツなんだ」

と感じてしまいます。


いつも「親切にすべきだ」ということはありません。臨機応変でいいし、時には「人に親切にできない」こともあります。

しかも普段から「人に親切にしよう」と心がけている心優しいアナタが、いちど席を譲れなかったくらいで、自分をコテンパンにイジメてしまうのは、おかしな話です。

そのお年寄りも、疲れている人に自己犠牲を強いてまで席を譲ってもらいたいわけではないはずです。


「人には親切にしてもいいし、しなくてもいい」

「どちらでもいい」

「それぞれの都合やタイミングがある」

「でも、自分は親切に〝したい〟。だから、できるときは積極的に親切にしよう」


これが、「べきねば」によって、わざわざ自分を縛る必要がない理由であり、その考え方です。


そして、ここからが重要です。

これらの「べきねば」といった思い込みは、「嫌だ」「疲れた」「怖い」「悲しい」「腹が立つ」「楽しい」といった自分の本音を抑えつけてしまいます。

さらに、**「『べきねば』を守れなかった、ふがいない自分」を見たくないというイライラ**

が、「席を譲らない人」や「ふがいない部下」「許せない上司」へのイライラへと連鎖していくのです。

ですから、「must（すべき、せねば）」を手放し、「want（したい）」へと、考え方を変えていけるといいですね。

「悪くて嫌いな人」はかつての自分？

人はさまざまな環境の中で育ってきます。その際、危険から自分を守るため、周囲の人に仲間に入れてもらうため、愛してもらい生き残るために、自分が自分に課していくルールが、前述の「べきねば」といった偏った思い込みです。

たとえば、しつけと称して手を上げるような厳しい親元で育ってきた人は、「人には従わねばならない」もしくは「戦わねばならない」と思い込むかもしれません。イジメなどの危険や苦労を味わってきたのなら、「目立ってはいけない」「人を信じてはいけない」などの禁止事項をつくってしまうと思います。

すべては、危険を回避するためにつくった自分へのルールで、そこには「感情」が強く結びついています。

つまり、アナタが「嫌悪」を感じる人たちは、「こんなふうに振る舞ったら、嫌われてしまう」「こういうことをしたら、大変な目にあう」、だから「こうしてはいけない」「こうあるべきだ」と、**かつて自分を守るために切り捨てた「自分の嫌いな、見せたくない部分」を見せてくれる相手**なのです。

ボクは昔、アトピー性皮膚炎で肌がボロボロだったため、劣等感が強くウジウジしていて、激しくイジメられたことがあります。

そのため、「ネガティブじゃダメなんだ」「もっと明るくしていないと、友達もできないんだ」と思い、自分に課したルールが「(上に立つ人は)『陽』であるべきだ」です。「上に立つ人は」という部分は、せめて自分を導いてくれる人にはそうあってほしい、という期待がつけ足されたのだと思います。

ケース4「後輩は先輩に従うべきだ！」

自分ルールである偏った思い込みは幼い日にカラダで覚えたものなので、明確なコトバにはなっていないかもしれません。それが自分のアタリマエや常識になっていれば、そんなことにとらわれていることにすら、気づかないでしょう。

アナタも知らぬ間に「べきねば」「いけない」の「鎧《よろい》」をまとい、つねに「嫌悪」という感情を使って【危険モード】でだれかと戦ってしまっているかもしれません。

ボクには「この世でいちばん嫌い」と思っていた後輩がいました。

ボクが新部署に着任したときに、彼とは仕事を引き継いで入れ替わりになるはずが、彼の異動が3か月ほど延びました。不慣れな仕事でしたので、最初は彼がいてくれることに心強さを感じていました。

しかし、徐々にボクの仕事に口出ししてくるのが鬱陶しくなっていきます。

「ほら～、前にも言ったじゃないですか。だから、こうしないとダメなんだって！」

「先に○○部の人に連絡を入れておいたから」


すでに自分の仕事ではないのに、あれこれと指示を出したり、勝手に手を回したりしてきます。彼は異動の保留により暇だったのが、その傾向に拍車をかけました。

最初は「ありがとう、わかったよ」と伝えていたのですが、ほどなくして「いいかげんにしろよ！」と、バトルへと突入しました。

その後、3か月の間、ずっといがみ合う日々。

上司に相談しても、「オマエのほうがずっと先輩なんだから、うまく付き合ってやれ」と言われるだけ。気持ちはどんどん孤立し、部署への信頼も希望もなくしていきました。


あれから何年もたち、なぜあのころ、あんなに大人げなくバトルしてしまったのかを考え、感じてみました。そうすると、ボクの中に「後輩は先輩には従うべきだ」「先輩には口答えしてはいけない」「年上を敬わなければいけない」といった強い〝思い込み〟があったことに気がつきました。

中学生のとき所属していた部活動は、昭和の運動部らしく上下関係が厳しく、先輩に意見するなんて、とてもできない状況でした。そのとき、**カラダに染み込んだ〝思い込み〟が、後輩を必要以上に「悪者」に仕立て上げていたのです。**

ボクが会社を退職する前に彼に会いにいくと、おもしろいことに当時とは印象がまったく変わっていました。生意気な後輩というのはそのままでしたが、とても人懐っこく親しみやすいヤツだと感じられたのです。

自分の中にモヤモヤ・ザワザワなどの「嫌悪」のエネルギーが出てきたときは、自分の偏った思い込みに気づくチャンスです。

自分を守るために自分に課したルールは、今のアナタにはもう必要ありません。少しずつ手放していきましょう。

ケース5

「嫌」なものは「嫌」でいい

「嫌と言うべきではない。それはわがままだ」と思い込んでいる人が、日本人にはかなりいます。「イヤ」というコトバが言えないのも、親や先生の言うことをなんでもよく聞く

「いい子」を求められてきた弊害です。

しかし、横柄な上司や先輩に対しても、「悪い」と裁くのでなければ、「イヤ」で「嫌い」と思ってもいいのです。

明るくていつも元気をくれる職場の後輩の井上くん（仮名）が、ある日からなぜか元気がなくなりました。仕事もはかどっていないようすです。

「心配事があるなら、なんでも聴くよ」と伝えると、しばらくたったある日、相談にやってきました。

「じつは、木村さんの振る舞いがすごく嫌なんです……」

1か月前に部署内で席替えをしました。それまで井上くんと木村さん（仮名）は仲がよかったのですが、隣の席になって、初めて気がついたのだそうです。

つまようじをくわえて仕事をする、椅子に〝ドカッ〟と座る、キーボードを〝カチャカチャ〟とうるさくたたく、机の上がぐちゃぐちゃで散乱した資料が自分の机を侵食する、などなど。

木村さんはオープンマインドで後輩の面倒見もいい、おもしろい人なのですが、じつは、〝とてもズボラなオッサン〟だったのです。

キレイ好きで繊細な性格の井上くんには、それが耐えられなかったようでした。でも、「いつも親切にしてもらっているし」「悪い人じゃないし」と思っているうちに言いそびれ、そのままガマンしていたというのです。

この一件は、もういちど席替えをすることで事なきをえました。

木村さんにはボクの隣の席に来てもらったのですが、ズボラなオッサン2号である自分にはほとんど気にならないレベルのものでした（笑）。


「嫌」なものは「嫌」でいい。生理的なものは、とくに「嫌」でいい。だけど「悪」ではない。


この区別が大切です。

「悪」にしてしまうと、思考が攻撃に転じてしまいます。

優しい人ほど、「嫌」が言えないことが多いですが、そのガマンを続けると、相手、または自分への「怒り」（井上くんの場合は後者）へと変わっていってしまいます。

「嫌」という気持ちも、大切な感情です。しっかりと見極めてください。

嫌悪を
味方にするワーク

── カラダ ──

「嫌い」「悪い」をカラダに聞く

「感情をカラダで全肯定するワーク」（61ページ参照）で落ち着いたあと、今、嫌っている状況や人を思い浮かべながら、

「それ嫌い?」

「それ悪い?」

とコトバに出し、じっくりとカラダの感覚を感じてみます。

そうすると、「あ、これは嫌いだな」「あ、これは悪いとジャッジしているな」ということを、カラダが教えてくれます。

アタマではなくカラダで感じる純粋な「嫌い」には、「嫌いだから、しょうがない」とOKを出せるようになるとともに、「悪い」と考えている自分を、冷静に客観視できるようにもなっていきます。

つねに「ワタシは今なにを感じているのかな？」とカラダに聞くようにすることで、「嫌悪」だけでなく、自分の“本音”に気づける人へと変わっていきます。

嫌悪を
味方にするワーク

――― アタマ ―――

「嫌い」と「悪い」を仕分ける

① 会社で嫌だと思っていることをノートに書き出す。

② じっくり眺め、「嫌い」と「悪い」に分類する。

・カラダにも聞いてみると、なおよい(右ページ参照)。

・「嫌い」と「悪い」両方の場合は、「悪い」に分類する。

③ それが「悪い」に分類された場合、そこにどんな「思い込み」があるかを考える。

「悪い」と考えている場合は、他人や自分を裁いています。自分ルールや思い込みに気づけたら、「過剰に考えすぎているかもしれない」と自省し、少しずつ手放していきましょう。

かりに「悪くて嫌い」のままであっても、それにとらわれて他人を裁いたり、苦しんだりするのでなければ、そのままでもOKです。

――― 職場で感じやすい思い込み ―――

・人を頼ってはいけない

・迷惑をかけてはいけない

・失敗してはいけない

・人を信用してはいけない

・逃げてはいけない

・弱音を吐いてはいけない

・休んではいけない

・怒ってはいけない

・不安になってはいけない

・“ちゃんと”○○すべき・せねば
(完全に、一生懸命に)

・“しっかり”○○すべき・せねば
(メンタル的に強く)

嫌悪のトリセツ

まとめ

▶ 嫌悪は「それ、避けたほうがいいよ」というサイン

▶「嫌」なものは「嫌」でいいが、「悪」ではないことに注意

▶「こうすべきだ」という自分ルールが過剰だと、他人や自分を裁き、嫌悪や怒りがたくさん出てきてしまう

第5章

怒りの裏には【不安】が隠れている

恐れ・不安のトリセツ

恐れは危険を通知するアラーム

「恐れ」という感情は、「このままだと危ないよー」というサインです。

朝礼でスピーチするときの「緊張感」や、仕事でパニックになって「狼狽《ろうばい》（うろたえて騒ぐ）」するのも、恐れからです。「自暴自棄（やけくそ）」になるという感情も、恐れからの暴走だといえます。「不安」も恐れの一種です。

「恐れ」のエネルギーに動かされるからこそ、危ないものから逃げたり、事前に備えたりすることができます。

つまり「恐れ」という感情は、危険を通知してくれる〝警報機・アラーム〟です。

そのため、抑えつけたり、見ないようにフタをしたりすると「ヤバいんだから気づけよ！　逃げろよ！」と、どんどん大きな音で鳴り響き、どこまでも追いかけてきます。

過度にビクビクと「恐れ」を感じていては、生きていくのがしんどくなっていきますが、「なにに備えたらよいかを教えてくれる感情」でもありますので、上手に付き合うことができれば、これほど強い味方になる感情もありません。

本章では、だれもが日常的によく感じる「不安」を中心に、話を進めていきます。

「不安」と「焦り」と「恐怖」とライオンと

まず、よく混同してしまいがちな感情、「不安」と「焦り」と「恐怖」の違いを説明しておきます。違いを知っておくと、対策をとりやすくなります。

たとえばアナタが、野生動物がいるアフリカのサバンナに、突然ひとりで置いていかれたとします。

困ったなぁとさまよっていると、遠くの茂みで「ガサガサッ」と音がして、なにかが動きました。

「うわっ、なんかいる！　ライオンだったらどうしよう！」

「どっちに逃げよう？　でもチーターだったら、絶対逃げられないだろ」

「隠れたほうがいいか？　それよりも、身を守るためのものを……」

「いや、安全な動物かもしれないし……。木の上に逃げられるか？」

「どうしよう……」

と、【不安】がふくらみ、ワタワタします。

その後、茂みからライオンが顔を出します。

「うわー、ヤバい、逃げなきゃ!! 走ったら追ってくるか?」

「動かずにやりすごすか？ どうしたらいいんだ！」

と、めちゃくちゃ【焦る】！ でも、逃げようとするも、足がすくんで動けない！

ライオンがこちらに気がつき、走って迫ってきた！

「ぎゃー!!」

と、【恐怖】で逃げ出した。

これが3つの感情の違いです。「恐れ」の感情が、対象との距離や時間によって「不安」⇒「焦り」⇒「恐怖」と移行していきます。

ただし「不安」には、ほかの2つの感情と大きく違っている点があります。

「焦り」と「恐怖」は、明らかに「ライオンをどうにかしなければ」という状況なのに対

不安と焦りと恐怖の違い

し、「不安」は、ライオンがいるかどうかさえもわかっていません。
「恐怖」も「焦り」も、なにに対処したらいいかは明確であるのに対し、**「不安」は、アタマの中で恐れの「妄想」が暴走している状態**だといえます。

現代の日本においては、命の危機に出会うような場面はほとんどありません。かりにライオンが対象であれば、「不安」を感じた場合の対策は、逃げるか、戦う準備をするか、くらいしか選択肢がないのに対し、現代ではほとんどのことに「答え」はなく、選択肢も無限大です。そのため、アタマで考えれば考えるほど、「不安」は大きく広がっていってしまいます。

「不安」自体は不測の事態に備える、とても大切な感情ですが、このように扱い方を間違えると、ものすごく大きなストレスになってしまいます。

不安とは「思い出し怖い」

「不安」は、未来の危険に備えるための能力です。

未来に備えるといっても、われわれは超能力をもっているわけではないので、過去の経験によるさまざまな記憶を参照して、危険を予測しています。

これまでも書いてきたとおり、過去にしんどい思いやショックな体験をした人は、ネガティブな体験記憶がおもにカラダに残っています。そのため未来を「怖いものだ」「よくないことが起きる」と感じがちで、【危険モード】に入りやすい「怖がり屋」になります。

逆に、過去に安心を感じる時間が長かった人であれば、【安全モード】でいられる時間も多く、そこから想像される未来にも安心や希望を感じられます。そのため、過度に怖がることのない楽観的な性格になります。

多くの「不安」は、過去に感じた感情を、未来にもそれが起きるに違いないと思い込んでしまうことで起こります。つまり、これは「思い出し怖い」ということなのです。

不安の9割超は実現しない！

米ミシガン大学のある心理研究では、心配事や不安の80%は実現しないという結果が出たといいます。さらに残り20%のうち、16%は適切な対策を打つことで回避できるものばかりなのだそうです。

つまりわれわれは、**実際には４％しか起こりえない「恐れ」に対して「不安」になり、莫大なエネルギーを費やしているのです。**

アタマで考え妄想を広げてしまうと、思考は過去や未来へと飛んでいってしまいます。ありもしない恐ろしいマボロシをつくり出し、その対応策を延々と考え続けることで、抜け出せない**【危険モード】**の泥沼へとハマっていきます。

一方、カラダの感覚を感じている瞬間、意識は「今」にいます。心臓がドキドキしている、みぞおちがギュッとして呼吸が浅い、といった感覚を〝感じて〟いるのは、「今この瞬間」だけです。**カラダの感覚を〝感じる〟ことで、過去や未来への思考（アタマ）から「今」に戻ってくることができ、【安全モード】へとチェンジできます。**

できるだけ恐れのエネルギーをアタマに回さず、カラダで終わらせてあげられるように

不安とは、過去の感情を未来に投影している

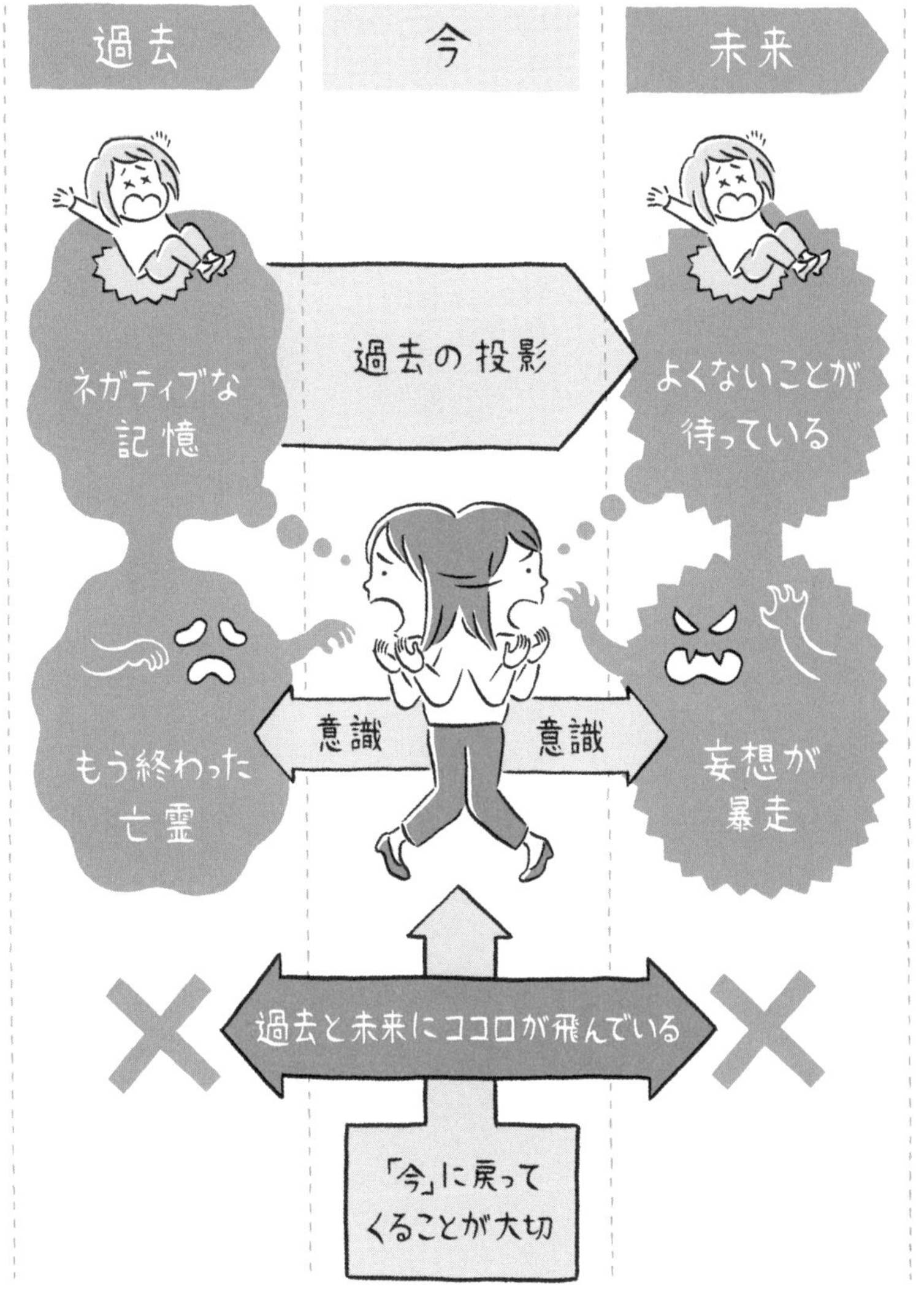

する必要があります。そのためのワークが「感情をカラダで全肯定するワーク」（61ページ参照）です。

このワークを続けていけば、過去に否定し、カラダに蓄積させた感情に「いいよ」と肯定を出すことができ、そのエネルギーを終わらせていくことができます。同時に、今のカラダに落ち着きを取り戻す経験を増やしていくことによって、今後、似た状況に出会っても、「そんなに恐れる必要はない」ということを、少しずつカラダが覚えていきます。

ケース6 その不安は部下の問題？ 自分の問題？

不安は「自分の問題だ」という当事者意識をもちにくい感情です。

焦りや恐怖に比べて、不確かで曖昧な部分が多いため、それを「他人の問題にする」ということも可能です。

序章で、ボク自身が部下を休職に追い込んでしまったことを書きました。

そのときはもちろん、思うように動いてくれない部下への「怒り（イライラ）」や、「年長者の言うことは聞くべきだ」という思い込みによる「嫌悪」もあったのですが、じつはその裏に隠れていたのは、ボクの中にある「恐れ」や「不安」でした。

ボクは幼少期から人見知りで人付き合いが苦手、自分から人の輪に入ることができませんでした。

アトピーで肌がボロボロだったことから、一時期はひどいコトバを投げかけられ、仲間はずれにされていました。人が怖くて、だれとも話ができなくなった時期もあります。

部下である彼は、技術スキルは高かったのですが、人付き合いが苦手で、とくに古くからいるスタッフたちにはバカにされたり敬遠されたりしていました。

そんな彼が悲しそうにしている姿を見ると、ボクの胸がザワザワと「不安」になるのです。彼は持病も患っていました。だから、よけいに彼を信じて見守ることができず、必要以上に介入していました。

ボクは「仕事だから」「上司だから」という建前を使い、「泣き言を言うんじゃない！」「もっと努力して、スタッフとコミュニケーションしなくてはダメだ！」と彼を叱咤していました。彼は彼で、それに応えようとがんばってくれました。

ボクは彼に多くの時間を割き、仕事を教えました。また、働くことへの心構えについても何度も伝え、彼からは感謝のコトバも聞かれました。

でも結果、彼は会社に来られなくなってしまったのです。


ボクは、自分が幼い日に感じていた「仲間はずれにされる！」という「恐れ」や「不安」を、部下を変えることで解消しようとしていました。同時に、自分の指導力のなさからくる不安も、彼に背負わせてしまいました。

彼のほんとうの気持ちを理解しようとしたことは、いちどもなかった気がします。

ただ「よかれ」や「正しさ」を振りかざし、「オマエは弱くてダメだ」「とにかくがんばれ」と、彼を追い詰めてしまいました。

しかしそのコトバは、「社内でいまだ人付き合いがうまくできない自分自身」に向かって言っていたのだと思います。

不安は人に伝染しやすい感情

ほんとうは、彼の中にある「不安」や「恐れ」に共感してあげるだけでよかったのかもしれません。

「仲間に入れなくて、不安だよな」

「うまくいかなくて、しんどいよな」

そうすれば、彼にはボクという仲間ができ、安心・安全な居場所を手に入れて、勇気をもってスタッフたちと向き合うことができたのかもしれない――今となっては、そう思います。

それ以前に、彼はスタッフたちとの関係を、それほど大きな問題だと思っていなかったかもしれないと、これを書きながら気づきました。ボクが勝手に問題をつくり出していただけだったのです。


このように、**対人関係で起こる悩みは、じつは「自分の不安や恐れを他人の問題にすり替えている」ことがほとんどです。**

自分の中にある不安の妄想を広げてしまうと、その不安に耐えられなくなり、「相手が悪い」ということにして、自分が「不安」と向き合うことから逃げてしまいます（「恐れ」は逃げるための感情でしたね）。

【危険モード】の傾向が強い人なら、それがより顕著です。だからこそ自分の中のネガティブな感情をしっかり見て肯定し、受け入れる必要があるのです。

不安は、他者との境界線が曖昧であるために、人に伝染しやすい感情でもあります。「不安だ、不安だ」と周りで騒いでいる人がいると、「自分もヤバいのではないか」と、次々に不安な気持ちが伝染していきます。

自分が無用に騒いだり人のせいにしたりしないことも重要ですが、他人の不安に巻き込まれないためには、「あれは、あの人の不安なのだ」という、切り離した視点も必要になります。

劣等感・嫉妬・恥・罪悪感を抱く原因とは

職場では「不安」のほかにも、もっと複雑な感情をたくさん感じていると思います。

ボクはよく、自分よりも高い評価を得ている同僚に「劣等感」を覚え、時にそれが「嫉妬」や「妬み」に変わることもありました。

ほかによく感じていたのは「恥」や「罪悪感」です。仕事やコミュニケーションがうまくできない自分や、トラブルを起こし迷惑をかけてしまった自分に「恥ずかしさ」や強い

「申し訳なさ」を感じていました。

ほかにも「焦り」や「後悔」などの感情を覚えることも多いでしょう。これら、職場で感じやすい感情に共通する思考があります。

それは、「集団から見捨てられてしまうのではないか」という「恐れ」です。

人間は命よりも「居場所」が大切？

人間は生まれてから何年もの間、ひとりでは生きることすらできない、生物としては弱い存在です。寒さをしのぐ毛皮もなく、敵と戦う爪や牙もない、そんなわれわれが太古の昔に取り入れた生き残り戦略は、「集団をつくること」でした。

みんなで助け合い、コミュニケーションをとって支え合うことで、初めて安全に生きていける。つまり、**人にとって集団や社会に所属し「居場所」をつくることは、「命を守ること」と直結するのです。**これは、遺伝子レベルでカラダに組み込まれたものです。

だから、社会的に孤立したり、仲間はずれにあったりすると、「所属できていない！」「居場所がない！」と反応し、「不安」や「恐れ」を強く感じます。この「居場所がなくなる恐れ」によって、われわれは集団を維持し、命を守っています。

人は、「ワタシはだれにも受け入れられていない」と孤独感を覚えると、最後は自ら命を絶ってしまうこともあります。

命よりも「居場所」が大切だなんて、どこまで社会的な生物なんだ、とツッコミたくなるほど本末転倒な話ですが、「つながり」や「きずな」といったものは、人にとってそれくらい重要な問題なのです。

集団の価値観に反することへの恐れ

だから人は、無意識のうちにどこかの集団に所属しようとします。

そして、**集団に所属し続けるために必要なのは、「集団の価値観に従うこと」「集団の役に立つこと」**です。

売り上げが上がらない、仕事ができないなど、会社の提示する価値観に従えていないと思うと、「罪悪感」や「恥」を覚えます。

あの人より会社や仲間に貢献できていない、その能力がないと思うと、「劣等感」を覚えます。

そんな自分への罪悪感や嫌悪の感情が大きくなると、「もう責めないでくれ！」「オレは悪くない！」と「怒り」に転化し、「アイツさえいなければ」「もっと認められなければ」という「妬み」や「嫉妬」へと変わっていきます。

これらすべてが、「ワタシを、仲間はずれにしないで！」「置いていかないで！」「居場所をなくしたくない！」と、危険な状況を打破するためにアナタを動かそうと出てくる「恐れ」や「不安」のエネルギーなのです。

このように考えてみると、自分の感情が少しけなげに思えませんか。それとも、「自分って、そんなに会社（居場所）にとらわれていたのか!?」と驚いたでしょうか。

ケース7 「会社に貢献できない罪悪感」の対処法

馬場さん（仮名）は化学材料メーカーに勤める研究開発員です。

入社から10年間は順調に成果をあげて社内表彰もされるなど、若手のホープといわれていたそうです。

しかし会社員生活の後半10年間は、成果らしい成果を出すことができず、ずっと重い罪悪感と焦燥感にさいなまれていました。なにかに追い立てられる夢を見て、汗びっしょりで起きるという日もあったそうで、「もう限界なのだが、どうしたらよいか？」と、相談に訪れました。

「化学の研究って長期スパンなんですよね」とボクが言ったところ、「そんなんじゃダメなんです……!!」と、下を向いて苦しそうにつぶやいた姿を覚えています。

馬場さんにはまず、次のように伝えました。

- **罪悪感は、周りに貢献したいという気持ちの表れである**
- つながりが欲しいから罪悪感が出てきている
- だから感じてもいい

あわせて、単独の価値観の集団の中にいると、「自分はその価値観に沿えていない」と感じたときにものすごく苦しくなってしまうので、営業や総務、経理など、社内のいろいろな人と交流してみることを提案しました。

馬場さんはこれまでずっと研究職一本でやってきました。研究所は地方の山奥にあり、東京の本社とは離れています。どうせ研究が進まないなら、と一念発起して東京に出張し、普段メールでしか会話をしない社内の人たちに会って、いろいろと話をしてくることにしたそうです。

そうすると、「ものすごく気が軽くなった」という報告がありました。

人の顔を見て話し、「いつもありがとうございます」と感謝を伝える——それだけで「自分は独りではない、この人たちとつながっている」と感じられます。そして、「この人たちのためにも成果を出したい」と思えるようにもなります。

営業さんからは、「ワタシは動き回っていないと死んでしまう生き物なんです。馬場さんみたいな人たちが、山奥でコツコツと研究開発して商品をつくってくれるから、それを持ってワタシが動けて、生きていけるんですよ」と言われ、「そんな考えもあるんだ！」

と目からウロコが落ちたそうです。

馬場さんは、人とのつながり方を覚え、罪悪感を感謝や仕事へのエネルギーへと変えていく方法を見つけました。

その営業さんとは、メールや電話でよく連絡をとるようになりました。まったく新しい視点をくれるので、とても感謝しているそうです。

罪悪感は「感謝」に変えられる

「罪悪感」とは、「ワタシが悪い」という感情です。

罪悪感が強い人はよく、「すみません」「申し訳ない」「ごめんなさい」というコトバを使います。「そんなに謝らなくてもいいのに」と思うくらい過剰に謝ってくる人も、アナタの周りにいるでしょう。

しかし、日本人は「すみません」「申し訳ない」「ごめんなさい」というコトバで、「感謝」を表すこともします。

「あ、どうもすみません。ワタシのために」「こんなことをしてもらって、申し訳ないです」といったコトバは「感謝」です。

だから**「罪悪感」と「感謝」は表裏一体で、地続きでつながっています。**

アナタが「すみません」「ごめんなさい」「ワタシってダメだ……」という気持ちを感じすぎたり、使いすぎたりしているときは、「恐れ」から視野が狭くなっており、意識のベクトルが自分自身に向きすぎています。

その「罪悪感」のベクトルを相手に向けて、「感謝」に変換するためには、「すみません」を「ありがとう」というコトバに置き換えるだけでいいのです。

・「こんなワタシですみません」
⇓「こんなワタシにも、根気強くご指導いただき、ありがとうございます」
⇓「いつも感謝しています」

・「ワタシは劣っている」
⇓「アナタはすごいね」
⇓「いつも助けてくれてありがとう」

そう言われたら、職場の人たちも悪い気はしないでしょう。

【安全モード】の幸せや安心感は、感謝するたびに育まれます。無意識のうちに「不安」や「怖い」に操られていた自分から、「怖い」気持ちを素直に認める自分になり、人間関係に真剣に向き合ってみる。そうすればアナタの周りには、感謝にあふれたステキな世界が広がります。

恐れが〝ある〟ことを認めてあげる

集団から外されてしまう、居場所を失うと思うと【危険モード】が発動し、ネガティブ感情が湧き起こります。

周囲と「怒り」で競ったり奪い合ったり、また、「不安」により対人関係から逃げたりして孤独になり、より【危険モード】が続いてしまっているのかもしれません。

競うことも、遠ざかることも、時には必要です。ただ、それを【危険モード】への「恐れ」から、自動反応で操られてやっているのか、意識のうえでやっているのか、〝気づいている〟ことが大切です。

アナタが【危険モード】にいることに〝気づく〟ためには、まずは「怖い」という恐れの感情を常日頃から「怖くていいよ」と肯定し、〝そこにある〟ことを認めてあげる必要があります。

恐れや不安は開示してしまおう

【危険モード】から抜け出し、【安全モード】でいられる居場所を自分自身でつくっていくために、その「恐れ」や「弱さ」を、周りにも開示することをオススメします。

自分の「怖い」を隠しているから、周りが自分を脅かす「敵」に見えて、おびえてしまうのです。

「いやあ、みんなから置いていかれそうで、怖いんだよね」
「みんなと比べちゃって、不安や劣等感でいっぱいなんだよ」

アナタが周囲からそう言われたら、どう思うでしょうか。
「素直な人だな」と親しみを感じませんか。そして、その人を元気づけたり、応援したくなったりするものです。

もし、こうやって自分の「恐れ」を認め開示することができたのなら、次はぜひ相手の「恐れ」や「不安」にも共感し、アナタから応援してあげてください。

そうすれば、アナタの周りはあっという間に仲間だらけになって、気持ちも【安全モード】へと切り替わっていきます。

「うちの会社はバリバリに競争社会で、弱みなんか見せたらやられてしまう！」

そんな、【危険モード】でしかいられないブラックな会社もあるかもしれません。たぶんその会社は、【危険モード】で生きている人たちが集まっている場所で、お互いがお互いを「恐れ」の目で見張っています。

しかし、リラックスして働けない会社に居続けているのも、アナタの居場所を失う「恐れ」やお金がなくなるという「恐れ」が原因かもしれません。

その会社、嫌なら辞めてもいいいんです。

怖いとは思いますが、そこにいても「恐れ」が増幅するだけです。自分の感情と対話をすれば、今後どうすればいいか、自ずと答えは出るでしょう。

恐れ・不安を
味方にするワーク

―― カラダ ――

「その不安、ほんとう?」

「感情をカラダで全肯定するワーク」(61ページ参照)で不安や恐れを落ち着かせたあと、胸に手を当てて、

「その不安、ほんとう?」

「そもそも、それ必要?」

「それって、(ワタシが)やる必要ある?」

　とカラダに聞いてみます。

「不安」に疑問をもつことは、アタマの暴走を止める効果があります。

「いつから感じている?」

「この感覚、いつから感じている?」

　とカラダに聞いてみます。

　カラダ記憶は思い出しやすい(54ページ参照)ので、カラダの感覚に耳を傾けると、「ああ、これはあのときの『不安』や『恐れ』と同じだ」と気づくことがあります。

　また、過去とつながることで、「オレが怖かったのは(怒っていたのは)、そういう理由だったのか……」と気づき、その感情が一気に終わることもあります。

　聞いてみてその場で答えが出なくても、問題ありません。その問いかけは無意識のうちにリフレインされ、ある日、「あっ!」と過去の記憶とつながるときがきます。

恐れ・不安を味方にするワーク

―― アタマ ――

不安を書き出す

人は「不明確なもの」に恐れや不安を強く感じます。命を守るためには、その対象物がよくわかっていないと、対策を立てられないからです。おばけや幽霊などの「よくわからないもの」に恐れを感じるのも、同じ理由からです。

だから、いちどその不安を明確化してみましょう。①だけでも十分ですが、②〜④で対策まで立てられると、より安心できます。

① **不安をひとつひとつ書き出す。**

・アタマでぐるぐるしている状態から、文字というカタチを与えてアウトプットすることで、冷静に眺められるようになる。

・1週間後、1か月後にその不安が実現したか、検証してみると、ほとんどが杞憂《きゆう》だったことに気づける。

② **不安を「願望」に書き換える。**

〈例〉「仕事ができないヤツ」と上司に思われないか不安

⇒上司からの評価を高めたい！

③ **現状を「プラス」「マイナス」で分析する。**

〈例〉【プラス】業務知識が豊富

【マイナス】人と話すのが不得意

④ **「願望」実現の対策を、③のプラスとマイナスを踏まえて具体的に考える。**

〈例〉事前に知識を整理し、説明資料をつくってから、上司にわかりやすく説明してみる。

恐れ・不安のトリセツ

まとめ

▶ 恐れは「このままだと危ないよ」というサイン

▶ 不安はアタマの中で「妄想」が暴走していることがほとんどで、研究によると不安の9割以上は実現しない

▶ 職場で感じる罪悪感や劣等感、嫉妬などの感情は、「集団から見捨てられる恐れ」から生まれる

悲しみのトリセツ

第6章

【悲しみ】を否定して怒りで強がる

悲しみ＝「大切なものを失った」

悲しみとは、アナタにとって「大切なものを失った」というサインです。

仕事を失い「絶望」する、交渉が決裂して「失望」し「残念」に思う、自分にはもうムリだと「挫折」し「あきらめ」を感じるというのは、すべて「悲しみ」に入ります。

悲しみを否定する人は多いのですが、**悲しみは「大切だったものとの関係性を、自分の中で再構築するプロセス」です。**悲しみという感情をつくり出すことで、「動かない」ことを選択し、ゆっくりとココロの整理を行う時間にあてるのです。

このプロセスを通過しないと、大切なものを失ったという「欠乏感」や「虚無感」とともに生き続けていくことにもなるかもしれません。

悲しみを認め、じっくりと感じることで、その悲しみを自分のものとしていく必要があるのです。

涙には緊張を緩める役割がある

「涙」は、「大きなショック」から自分を守るために一時的にギュッと固めてしまったココロを、解きほぐす役割があります。

子どもが驚いて一瞬「ビクッ！」と固まったあと、「ウギャー!!」と泣き出し、しばらくして泣き止む、ということがあります。**カラダを緊張状態から弛緩《しかん》（ゆるんだ）状態へと移行させる――これがまさにショック緩衝材としての「涙」の役割で、防御のために固めたココロを、もとの柔軟な状態へと緩めます。**

涙を流したらスッキリした、という経験をした人も多いでしょう。

涙を流すと、交感神経優位の【危険モード】から、副交感神経優位の【安全モード】に切り替わります。

涙を流し終わったあとには、脳内ホルモンのひとつで強い鎮静作用がある「エンドルフィン」が増加します。これが心身のリラックスにつながり、ストレスが解消されるのです。

また、感情が高ぶったときに出る涙には、血中の何十倍もの濃度のマンガンが含まれることもわかっています。このマンガンが一定量を超えて体内にたまると、うつ病のリスクが上がるという研究結果もあります。

ちゃんと悲しむ、ちゃんと泣くことが、感情の安定にはとても大切なのです。

泣かないことの危険性

「自分は働いてきたなかで、『悲しい』なんて何年も感じたことがない」と思った人もいるかもしれません。

日本には「泣かない」ことをよしとする風潮があり、とくに男性なら「男の子は泣かない」としつけられ、悲しむことは悪いこと、弱いことだ、とカンチガイをしている人もいます。だから、**たとえ悲しみがあっても〝瞬殺〟してしまっているだけかもしれません。**

カウンセリングで人生が大きく変わったという人たちに、どんな変化があったかを聞くと、多くの人が「(人前で)泣けるようになった」と言います。

ショックがあったのに「悲しまない」「泣かない」ことは、カラダが緊張した【危険モード】のままでいるということです。

そのままの状態でいると、周囲を敵や危険なものと認識しやすくなり、戦ったり逃げたり固まったりと、ネガティブ感情にどっぷりと浸《つ》かった生き方を繰り返してしまいます。今アナタの周りにトラブルや悩みごとばかりある原因は、もしかするとそれかもしれません。

泣ける自分になると、モードが切り替わります。そうすると、世界の見え方も大きく変わってくるのです。

「エライぞ、よく泣かなかったな」と褒められてきた人もいるでしょう。でも、これは「泣かれたら困る」という親の都合を押しつけているだけで、**じつは子どもの感情の否定を助長している**とは、ほとんどの人が気づいていません。

子育て中の人は、公衆の面前で子どもにギャン泣きされたら困るとは思いますが、「悲しいんだね」「泣いてもいいよ」と感情に共感してあげれば、自然と泣き止むものです。

大人になったアナタは、大人だからこそアタマで正しい理性を働かせ、自分自身の悲しさや涙にＯＫを出してあげられるといいですね。

ケース8「ほんとうは泣きたかったんだ」

ある女性がカウンセリングに訪れました。

「職場でもプライベートでも負けず嫌いが激しく、どうしても人と競ってしまい、人間関係がギスギスしてしまう」「そのせいで〝かわいくない女〟と言われ、より『怒り』で争ってしまう」「そんな自分を変えたい」という相談です。

彼女はカタブツばかりの超大手企業でマネージャー職に就いていました。そのポジションは女性では彼女が初で、男性たちとの熾烈《しれつ》な競争の中で勝ち取ったのだそうです。

「会社は競争社会なので、絶対に絶対に（本人が2回言った）弱音を吐いてはいけない」と彼女は言います。

「いつから弱音を吐いてない？」

「弱音を吐いたらどうなっちゃうの？　それ、ほんとう？」

「ほんとうはなにが怖いの？」

と、やんわりと話を聴いていくと、やがて父親へとたどり着きました。

彼女は幼いころ、感情的な父親からいつも怒鳴られて育ちました。さらに、手を上げる父親から妹たちを守るために、いつも戦っていたそうです。

ココロの奥底では、ほんとうは「悲しくて」泣きたかった。

でも「泣いてなどいられない」「戦わねば」という強い思いが、会社での出世争い、とくに「男に負けてはいけない」「絶対に勝たねば」という思いにつながっていたのです。

そのときの思いをカラダで思い出してもらいながら、こう伝えました。

「もう、泣いてもいいですよ」

そうすると、彼女は今までガマンしていた大粒の涙を流しました。

その後、彼女は、上司にも部下にも不器用ながら甘えたり頼ったり、時に泣いたりしながら、楽しく働いています。

悲しみを否定すると〝悲しい人〟になる

こんなふうに「悲しみ」を否定しがちな社会にいるわれわれも、じつは映画や小説にわざわざお金を払ってまで「泣いて」います。これは、カラダが無意識に「泣きたい」「感情を浄化したい」「緩みたい」と感じているからです。

そうであれば、最初から「悲しくていい」「泣いていい」と、自分に許可してあげてはどうでしょうか。

泣くことで生まれ変わったクライアントさんが、こんなことを言っていました。

「以前は、涙の感動映画を見に行く人に対して、
『ケッ、そんなに泣きたかったら、目に指でも突っ込みやがれ!』
と思っていました」

こんな憎まれ口をたたく人、アナタの周りにもいますよね。こうやって悲しみを否定

し、感じないようにココロを固め、「怒り」で自分を守っているのです。

でも残念ながら、この方法では敵を増やして【危険モード】を強化してしまうだけです。

悲しみを否定し続けると、こんな〝悲しい人〟になってしまいます。

積極的に泣くほうがいい

積極的に泣くためには、「これなら泣ける！」という鉄板のコンテンツを用意しておくといいでしょう。

小説、漫画、昔の写真など、アナタのココロを揺さぶってくれるものがあると思います。音楽は聴覚から直接カラダにアプローチできるため、すばやく感情を刺激してくれます。また映画などの映像コンテンツは、イメージが膨らみ体感覚のすべてを刺激してくれるので、涙を流すのにもってこいです。

ボクは映画「ニュー・シネマ・パラダイス」の最後のキス映像のシーンが鉄板です。ジブリ映画にも、よく泣かせてもらっています。

ちなみに昔のボクは、映画を見てもまったく泣けませんでした。

ココロを閉ざすと、感情を感じないようにカラダの感受性を鈍らせます。

フツーの映画を見ても感じられないので、より強い刺激を求めて、ホラーやスプラッタ映画ばかり見ていた時期がありました。でも今は、体感覚が育ってしまったので、怖くて見られません（笑）。

最近は涙を流してスッキリするセミナーも行われています。泣こうという思いが共有された安心・安全な場で、みんなで感動の映画を見たり、書籍を朗読したりして、ガッツリと泣くことができます。参加してみると、一皮むけた新しい自分になれることでしょう。

悲しみを肯定できるのが「ほんとうの強さ」

自分の「悲しみ」にOKを出せるようになると、相手の悲しみへの理解が深まります。「オレだって悲しいんだから、あの人も悲しくて当然だよね」ということです。

そうすると共感力が上がり、自然と人に優しくなり、「他者とのつながり」を感じられるようになっていきます。

つながりが生まれれば、もちろんそこは安心な場所となり、【安全モード】でいられる時間も増えていきます。

「職場では悲しんでなんかいられない！」

「悲しみは『弱さ』であり、『弱さ』を見せたらやられてしまう、危険だ！」

と思っている人がいます。

悲しみなんていらない、泣かない、強くならねば、と、アタマの中で戦う準備を始めてしまうから、いつも人と競い合うことになるのです。結果として、つながりも安心も感じられない、というパラドックスの中にいます。

悲しみの感情を肯定すれば、ただの「強がり」ではなく、「ほんとうの強さ＝受け入れる器」を身につけられます。

「強さ」だけを追い求める人も多いですが、そのやり方では、もっと強い人が現れたときにポッキリと折れてしまいます。

ケース9　悲しみをなくすことはできますか？

以前、こんな質問を受けたことがあります。

「最愛のネコを亡くしました。この悲しみをなくす方法はないでしょうか？」

結論から言えば、**「悲しみ」をなくすことはできません。**これまでも説明してきたことですし、理屈抜きで感覚的にもわかってもらえると思います。

「悲しみ」とは、「失ったものが大切だったという意味づけ」です。

・「大切にしていた花瓶」を割ってしまった　⇓　悲しい
・「大切なお金」を失ってしまった　⇓　悲しい
・「地位や名誉、立場、信用」を失ってしまった　⇓　悲しいただしこれらは、「とくになんとも思っていなかった花瓶」や「お金なんていくらでも入ってくる境遇にある人」「地位や名誉に対して興味がない人」だった場合、「悲しみ」は訪れません。その花瓶やお金、地位、名誉を「大切だ」と思っている人にだけ、「悲しみ」が訪れるわけです。

「ネコと花瓶は一緒にできないのでは？」という疑問もあるでしょう。しかし、それがもし「亡くなった最愛の夫が、唯一プレゼントしてくれた大切な花瓶」だとすれば、その大切度がネコのレベルにまで上がることはわかるでしょう。

「悲しみ」の裏には、「喜び・幸せ」があります。

その花瓶を手に入れた「喜び・幸せ」、地位や名誉を手に入れた「喜び・幸せ」、そしてネコと暮らした「喜び・幸せ」。

「喜び」があるから、「悲しみ」があるんです。
「悲しみ」をなくすとは、この「喜び・幸せ」をなくすことと同じです。

アナタの「悲しみ」が深ければ深いほど、失ったものを「ほんとうに愛していた、大切だった」という証《あかし》になります。

だから、「悲しみ」をなくそうとしなくていい。しっかりとその「悲しみ」を味わってあげてください。それはすなわち、ネコと暮らした「喜び」や「幸せ」の日々を味わうことと同じなのです。

そのモヤモヤ、悲しみが原因かも？

もし、その悲しみの対象がネコではなく「自分自身」であった場合はどうなるでしょう。

- 上司にバカにされて、「自分の尊厳」を失ってしまった ⇓ 悲しい
- 仕事に失敗し、「自信（自分を信じる力）」を失ってしまった ⇓ 悲しい

つまり、この悲しみは自分自身のことが「ものすごく大切だ」ということなのです。

アナタがなんとなくモヤモヤ・ザワザワとしているのは、じつは「悲しみ」が原因なのに、それに気づいていないだけかもしれません。

自分に「悲しみ」があることをカラダでしっかりと感じてみると、やがてそれは、自分への「ねぎらい」「慈しみ」「愛」「感謝」などへと変わります。だから、「悲しみ」をなかったことにしないでください。

「悲しみ」は「ココロを再構築し、再生へと向かうプロセス」なので、ほかの感情よりも長引く傾向があります。しかし、悲しみの意味を知り、しっかりと感じてあげることが、「自分を大切にする」ことにつながります。

やがて時期がくれば、アナタのココロはまた新しい「喜び」へと向かっていきます。

悲しみを
味方にするワーク

―― カラダ ――

過去の感情をコトバにする

感情をカラダで感じていくと、過去の記憶とつながり、幼い日の思いがあふれ出すことがあります。

過去に言えなかったコトバ、言いたかったコトバを、口に出して言ってみてください。

―― 言えなかったコトバの例 ――

・嫌だよ　・つらいよ　・やめてよ　・怖いよ
・寂しいよ　・悲しいよ　・助けてよ　・一緒にいてよ
・もっと褒めてよ　・ワタシだって甘えたい
・ボクがんばってるよ　・仲間に入れて
・お母さんなんて嫌いだ　・お母さん大好き

もし涙が出そうになったら、ぜひ、

「泣いていいよ」

「そばにいるよ」

と自分に伝えてあげてください。

多くの人たちが、こんなコトバと感情を、歯を食いしばって「涙」とともに飲み込み、そのまま大人になってしまっています。言えなかったコトバたちは、自分を守るために「怒り」へと変わっていくかもしれません。

言ってみることでカラダに直接アクセスし、それによって過去にショックで固めてしまった感情を溶かすことができます。

悲しみを
味方にするワーク

―― カラダ・アタマ ――

自分に手紙を書く

悲しみという感情を整理する儀式として、失った大切だったものに手紙を書くといいでしょう。「書く」という行為は、アタマとココロの中を整理するとともに、カラダへのアプローチにもなります。

亡くなったネコ宛なら対象が明確で書きやすいですが、「会社で上司から叱責され、自信を失ってしまった自分宛」の場合はどうなるでしょうか。

ポイントは、「自分へのねぎらい」「思いやり」「感謝」です。「同僚や友人が悲しんでいたら、なんて声をかけるだろう」と想像しながら、書いてみてください。

自分をねぎらうことや思いやることは、悲しい過去を受け入れることに役立ち、「自分は完璧な人間ではないけれど、これでいいんだ」という自己肯定感を育みます。

前略　自信を失っている自分へ

ずいぶんと落ち込んでいるようだね。
あんなひどいことを言われたら、
へこむのも当然だよ。
ムカつくし、悲しいし、悔しいよな。

でもオマエはよくやっている。
いつも努力してるのを、
オレは知っているよ。
今回は残念な結果だったけど、
オレだけはオマエを認めているからな。

これからも一緒にがんばろう。
いつもありがとう。感謝しているよ。

草々

○○より

悲しみのトリセツ

まとめ

▶ 悲しみは「大切なものを失った」というサイン

▶ 涙には緊張状態を緩めるという大事な役割がある

▶「悲しみなんていらない」「強くならねば」と思うと、人と戦う準備を始めてしまい、人と争うことになる

第7章

怒りのトリセツ本編

【怒り】のほんとうの目的を知る

怒りで「なにから」「なにを」守っていたのか

前章までは4つのネガティブ感情について解説してきました。本章では「怒り」の正体について、あらためて考えていきます。

第3章でも触れたように、怒りは「うまくいっていないよ、対処して！」「危険だよ、守って！」のサインでした。

ところで、**アナタは「怒り」を使うことによって、「なにから」「なにを」守ろうとしているのでしょうか。**

ここまで読んできて、もう気づいた人もいるかもしれません。

「怒り」とは、
「もう〈嫌〉なことはしないで！」
「もう〈不安〉になりたくない！」
「もう〈悲しい〉のはイヤ！」

「もう、仲間はずれになりたくない！　寂しいのはイヤ！」

「それが〈怖い〉んだ‼」

といったココロが傷つく〈恐れ〉から、自分自身を全力で守っているのです。

怒りの真のサインは「わかってほしい」

「怒り」のほんとうのサインは、これらの恐れとともにある「ワタシの本音をわかってほしい」という思いです。

悲しみ、自己嫌悪、強いショック、劣等感、罪悪感、そして不安や恐れを、アナタはずっと抱えて生きてきたのかもしれません。

・兄弟や姉妹と比較されてきた
・イジメられた、仲間はずれにされた
・勉強ができなかった、運動ができなかった、親をガッカリさせた
・友達を傷つけてしまった

・みんなの前で大きな恥をかいた
・大切なものを失った、傷つけられた
・学校でも家でもいつもひとりぼっちで、居場所がなかった
まだ幼かった過去に経験した、つらかった記憶。
当時、周りの大人たちに相談してもわかってもらえなかった。ずっと夫婦ゲンカばかりしている両親や、忙しそうにしている親には相談ができなかった。先生からは、なにを言っても「オマエが悪い」「ガマンしろ」と、否定されてきたのかもしれません。

しんどかった思いはカラダの記憶として残り、そのつらさから、感情を感じないように無意識に否定して抑え込み、見ないようにして生き始めます。

感情を抑え込んでしまったことで、そのネガティブエネルギーをカラダの無意識のレベルで感じ続けるようになり、世の中を【危険モード】で捉えるようになります。
やがて周囲の言動に対して、「また攻撃されたのではないか⁉」「もうイヤだよ！　怖いよ！」「自分は間違っていない！」「オマエが悪い！」「言うことを聞け！」と、過剰な

怒りの裏には「本音をわかってほしい」が隠れている

「怒り」で現実世界に反応するようになってしまいます。

第5章で「思い出し怖い」というコトバがありましたが、そのアナタの怒りは「思い出し悲しい」であり、「思い出し嫌だ」でもあるのです。

過去の感情が怒りになっている

「過去の成仏できなかった本音」たちが、「やっぱり、わかってくれない！」「わかってくれよ！」という強い感情として出てきている――それが、今アナタを振り回している過度の「怒り」です。

かつて封印してしまった感情たちが、〝自分自身〟に対して「わかってほしい」「気づいて！」と訴えています。

ここまでの「嫌悪」「恐れ・不安」「悲しみ」の章を読み返してみれば、心当たりがあるのではないでしょうか。

そんな目で現実を見てみると、目の前で起こっている問題は、もしかすると「過去のマボロシ」なのかもしれません。

「本音」を抑え込んでしまったのは自分自身。でも当時は、それしかできなかった、しょうがなかったのです。

「まだ子どもだったもんね」

「あのときは悲しかったね」「怖かったね」「嫌だったね」

怒っている人はわかってほしい人。だから、自分が自分をわかってあげる。そのためにもすべての感情を肯定し、「感じていいよ」「出てきていいよ」と、自分自身に伝えてあげてほしいのです。

ケース10 だれにでも「怒る権利」がある

怒りは「わかってほしい」という思いの表れです。でもほとんどの場合、「怒ることはよくない」という自分による禁止や、相手からのさらなる強い「怒り」で抑えつけられたことにより、「わかってほしい」という思いをより大きくし、表に出る「怒り」も増大させてしまいます。

会社でいつもキレて、怒りで訴えてくる部下に困っている、という相談を受けたことがあります。

ボクはそのクライアントさんに次のように伝えました。

「怒りって防御なんですよ。部下は、なにかが〝怖くて〟自分を守っているだけで、それをわかってほしいだけ。だから『怒る権利』を奪っちゃダメですよ」

「え！　そうだとすると、ワタシは部下の権利を奪いまくっています。部下には『その程度のことで怒るな』『仕事だからしょうがないだろ』と言ったり、時に『まあまあ』となだめすかしたりと、怒らせないようにばかり振る舞ってきました」

その翌日、クライアントさんは部下にこう伝えたそうです。

「今まですまなかった」

「アナタにもいろいろ腹が立つことがあるよね」

「それを認めてあげなくてごめんなさい」

「怒ってもいいですよ」

そのコトバに部下は涙を流し、それから2人は本音でいろいろと話せたそうです。

その後、部下はかなり穏やかになり、仕事もスムーズに進むようになりました。まだまだ怒りっぽいところもあるみたいですが、クライアントさんも余裕をもって見守れるようになったそうです。

「感情的な人」と「感情豊かな人」はなにが違う？

「感情的な人」は嫌われます。すぐ怒ったり、すぐ泣いたりと、タチが悪いから。

一方、「感情豊かな人」は、怒ったり、泣いたり、笑ったりと、さまざまな表情が見られて、なんだかステキな感じがしますよね。

どちらも怒っているし、泣いているのに、なぜ「感情豊かな人」だけがステキなのでしょうか。「感情豊かな人」には、「笑ったり」があるからでしょうか。

じつは両者には、決定的な違いがあるのです。

「感情的な人」は「素直」ではないのです。
ほんとうは「悲しい」「寂しい」「不安だ」と思っているのに、それを「怒ること」や「泣くこと」でしか表現できません。

きっと過去に、感情を表現することを否定されてきたため、「怒ること」や「泣くこと」でしか、相手に訴えるすべがなくなってしまったのです。

そして、そんな感情的な自分自身が〝嫌い〟だから、自分にもいらだつことで、「怒り」にさらなるエネルギーを注ぎ続けています。

感情を腹にためているから、自分のことを腹黒い嫌なヤツだと感じていますし、笑っているときでさえ、怒りや悲しみの感情をごまかしていることが多いのです。

本音を出さないで人に噛みつくばかり。だから周りの人も、そんな扱いづらくて、ひねくれた人を好きにはなれないのです。

そうすると、本人にとってこの世界はよりいっそう「わかってくれないところ」にしか見えず、ずっと【危険モード】で生きていくことになります。

「感情豊かな人」はその反対です。

「素直」だから、全部の感情にＯＫを出しています。出てきている感情が、ウソの感情ではなくて、ストレートです。

怒っているときはほんとうに腹を立てているし、悲しいときにはしっかり泣いている。

もちろん、笑っているときは、心から喜んで楽しんでいる。

そして「感情豊かな人」は、そんな自分を〝好き〟なのです。

だから、周りもそんな人を見ていると、「自分をありのままに表現できていて魅力的だな」「ステキだな」と感じるのです。

以上が、同じように泣いても怒っても、愛されたり愛されなかったりする「感情的な人」と「感情豊かな人」の違いです。

素直になるとは、自分の感情にＯＫを出すということ。

自分の気持ちがわかる人は、他人の気持ちも受容できるようになります。

これが、周りの人たちと【安全モード】で望ましいきずなを育む、唯一の方法です。怒りで本音にフタをしていると、望まない人間関係が出来上がってしまいます。

それでもアイツがゆるせないとき

「怒り」についてもわかった。ほかの感情についても理解した。それでも「まだアイツがゆるせない！」と、強い怒りを抱えている人もいるでしょう。

「ゆるせない！」というのは、相手も自分も壊してしまうほど、とても強い「怒り」の感情にとらわれた状態です。ですから、サックリと「ゆるす」ことができればよいのですが、積もり積もった恨みもあって、そんなに簡単にはゆるせない、というのが正直なところだと思います。

ここでは「ゆるす」方法を探るため、この「ゆるせない」という状態を少し分析してみます。

ここから先は、自分の痛いところとも向き合わなければならないので、「やっぱり相手をゆるしたい」「今より1ミリでも前に進みたい」と思っている人だけ読んでください。「ゆるせなくていい！」「刺し違えてでも地獄へ連れていく！」と思っている人は、それもアリです（笑）。

被害者の「権利」と「正義」を掲げていませんか？

「ゆるせない！」という状態は、簡単に言えば、「ワタシは大変な『被害』にあったのだから、アイツを罰する『権利』と『正義』がある」と思い込んでいる状態です。

職場だと「オマエのせいで恥をかいた」「侮辱された」というようなシチュエーションも当てはまりそうです。

「権利」と「正義」は、怒りによる攻撃を容認します。

「ワタシは正しい！」

「だから、相手をひどい目にあわせてもいい！」

「なぜなら、ワタシは被害者だから!!」

このように、自分が「被害者」になってしまうと、「権利」と「正義」を握って手放せなくなります。

この権利と正義は、アタマ（思考）の領域です。「怒り」自体はあってもいいのですが、アタマでいろいろな理屈をくっつけると、感情はどんどんこじれていきます。

「悪意がある」と誤解していませんか？

ゆるす方法を探るため、まずそこに「ほんとうに被害はあったのか？」ということについて考えてみましょう。

明確な悪意によって行われる犯罪は別として、日常社会でフツーに働いて暮らしている人が、わざわざアナタを「ひどい目にあわせてやろう」と悪意をもって接してくることはまれです。

その「被害」と感じたものは、だいたい以下のような理由によります。

①　気づいていない、知らない

アナタが「被害」を受けたことを、相手はまったく気づいていない可能性があります。

この場合、相手に教えてあげないとわかりません。こちらも**直接言わずに怒りや哀れみのオーラで気づいてもらおうとしていることが多い**。ちゃんとコトバで「嫌なんです」と伝えてみたら、「あ、気づかなかった。ごめんね」で終わる話かもしれません。

「アイツがゆるせない！」と感じる人のココロの動き

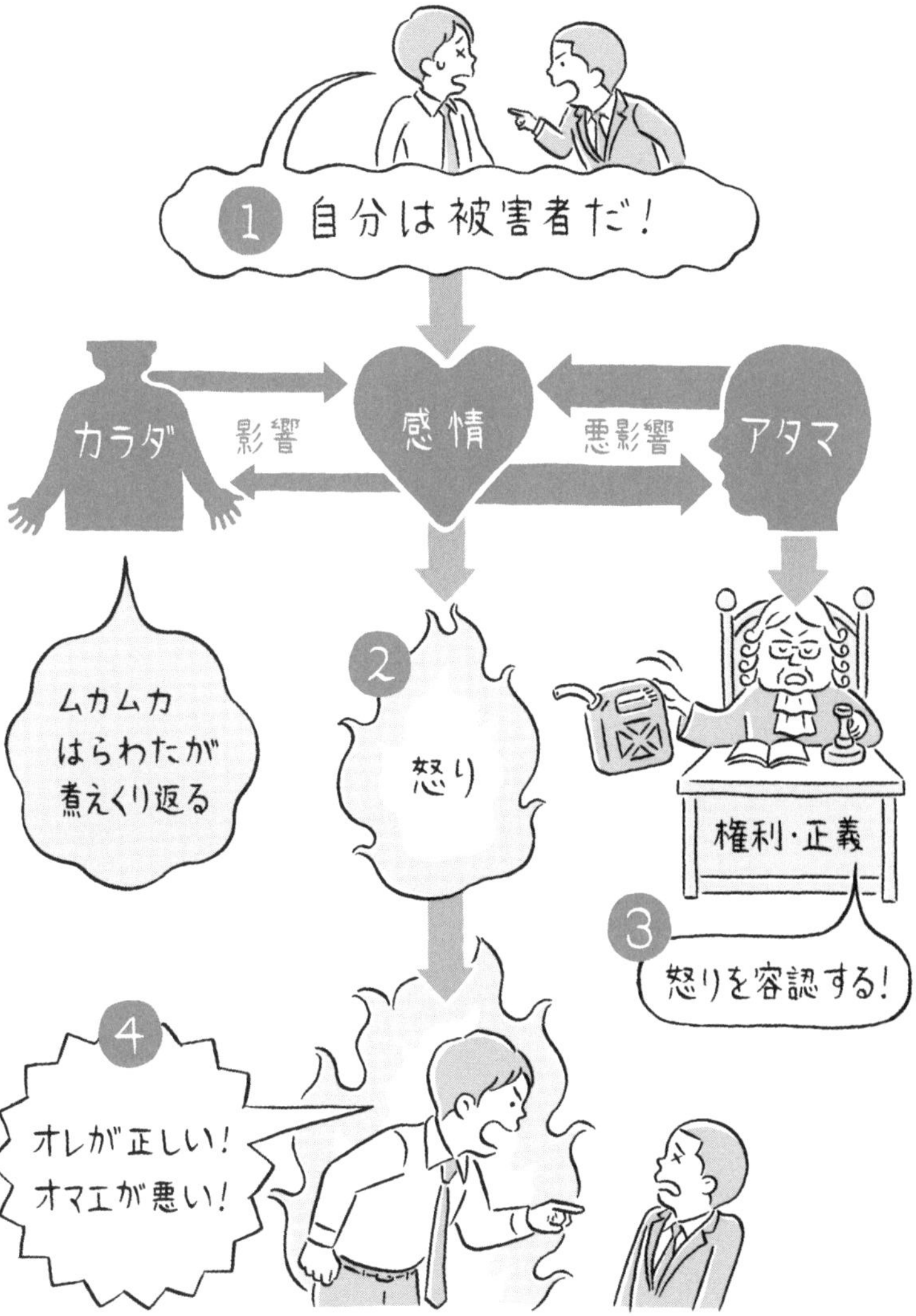

②　基準や価値観の違い

「思い込み＝『べきねば』（88ページ参照）」や価値観が違っているだけかもしれません。「仕事は手取り足取り教えるべきだ」と思っている上司と、「自由に任せてほしい」と思っている部下が一緒になった場合、上司は、部下に勝手に動かれて被害者になり、部下は、上司に束縛介入されまくって被害者になります。

③　ただの「嫉妬」

よくあります（笑）。相手からしたら勘弁してくれよという話です。

これは自分の問題です。**嫉妬は、「嫌悪」「悲しみ」「恐れ」「怒り」が複雑に混じった感情です。**

④　相手にもそれなりの都合がある

会社では「役割」も求められますので、こちらへの攻撃らしきものがあったとしても、相手の都合を考慮してあげる必要があります。「アナタも立場があって大変ですよね」と理解し、くみ取ってあげると、一気に仲間になれます。

⑤「ひどいことをされた」「わかってほしい」の投げ合い

もし相手に悪意がない場合、アナタが権利と正義を掲げて攻撃すると、相手も「被害者」になってしまい反撃してきます。そうすると、お互いが防衛で怒りを投げ合い、抜け出せなくなります。こじれてしまった関係性は、ほぼすべてコレです。

相手に「悪意」があると思うと、そこに「被害者」が生まれます。

悪意がなければ、それはただの事故や過失、もしくはすれ違いであり、情状酌量の余地も出てきます。

まずは、「あれでも相手には悪意はない（最初はなかった）のかも……」と考えてみるところから、「ゆるし」は始まります。

相手の弱さを認めてあげるには

本書では、感情にＯＫを出すことを主題に、ここまで書いてきました。

自分が自分の感情にＯＫを出せるようになると、相手の感情にもＯＫが出せ、共感できるようになることは、前述したとおりです。

相手も「怖くなって」逃げちゃったのかもしれません。それでつい、言い訳やウソをついてしまったのかもしれません。

「悲しみ」や「不安」から、攻撃へと転じてしまったのかもしれません。それしか自分を守るすべがないと思ったのかもしれません。

過去のアナタにも、そんな場面があったのではないでしょうか。また、これからもそんなことが起こりうるのではないでしょうか。

自分自身の中にある「恐れ」を認められる人は、相手の「弱さ」に対しても寛容になれます。

「そっか、そういうこともあるよな」

理解し共感してみれば、相手もアナタもファイティングポーズをやめられるかもしれません。だからこそ、「悲しい」「怖い」「嫌だ」という自分の本音を認めていく必要があるのです。

「ゆるせない」状態は大損！

「ゆるす」とは、アタマ（思考）にある過剰な「権利」と「正義」を手放して、自分の「怒り」と向き合うことです。

これらはすべて、アナタのアタマの中だけで起こっていることです。だから、アナタから「ゆるす」しか、じつは方法がありません。たとえ相手に謝罪させても復讐《ふくしゅう》を遂げても、怒りは収まらないかもしれません。

アナタが復讐することによって得られるのは、むなしさと、相手を攻撃したことによる自分への罪悪感だけです。

また、「ゆるせない！」というメンタルでいるときは、他人からの優しさや好意もまったく受け取ることができません。

アナタへの親切心による「あんな人、放っておきなよ」というコトバにも、「うるさい！　オレはアイツを懲らしめてやるんだ！」と返してしまい、味方でいてくれるはずの人をどんどん遠ざけてしまいます。前にも書いたとおり、怒りは人と人を切り離す感情です。

ですから、「権利」や「正義」を放棄して損をすることよりも、「ゆるせない」状態でいることのほうが、じつは「大損」かもしれません。

カラダが自分を守ろうとする「怒り」はあってもいい。しかし、アタマで過剰に考えすぎたその「権利」と「正義」は、手放していけるといいですね。

ケース11 本音を伝えれば怒らないですんだのに……

ボクが現場の一エンジニアから、新部署へマネージャーとして着任して間もないころ、自分が新しく任されたばかりのＩＴサービスが大トラブルを起こしました。

まだサービスの全体像も把握もできていないなか、お客さんからしょっちゅう呼び出しをくらい、謝罪に回る日々。

それなのにスタッフのエンジニアたちは、のろのろモタモタした対応をしています。

聞いてみると、さまざまな契約上の問題で、その部分に関してはうちの部署の担当ではないかもしれない。「それは他社の問題だ」「お客さんの問題だ」と、責任のなすりつけ合いになっていました。

「おい、今まさにトラブっているんだぞ！」

「ふざけるな！　とにかく直せるように対策会議をさせてくれ！」

そう言っても、みんな腰が引けて、協力的になってくれません。彼らも手を出したらよけいな責任を背負ってしまうから、守りに入っているのです。社内でも揉《も》めています。

そんななか、上層部からも頻繁に状況報告を求められます。

いっぱいいっぱいの自分は「この大変な状況のなか、報告なんてしてられん！」「アンタらの仕事は、オレらが動きやすいようにサポートすることじゃないのか！」とブチ切れ、命令を無視するようになりました。

直属の上司からは「おい、そんなことをしていたらダメだ」とたしなめられたことから、「アナタも味方じゃないのか！」と心を閉ざし、さらに孤立していきました。

そしてわずかな協力者しかいないなか、何週間も徹夜でトラブル対応をしました。

結局は会社レベルの政治的解決もあり、なんとか収まったのですが、そこで壊した体調とメンタル、そして人間関係によって、のちのち休職することになります。

きたばかりの部署。右も左もわからず、周りもまだ知らない人たちばかり。そんななか、お客さんからも会社からも厳しく呼び出しがかかる。そして、協力して然《しか》るべき人たちが手を差し伸べてくれない。

そのころのボクは、ただのエンジニア上がりの青二才で、全体を取り仕切ったり、政治的な駆け引きをしたりするようなことは、まだできなかったのです。

エンジニアとしてどこに問題があるのかわかるだけに、「トラブルだから対処して当然」という「正義」を掲げ、「オマエらのつくったシステムのせいじゃないか！」と「被害者面《づら》し、「怒り」で威圧してみんなに言うことを聞かせようとしていました。

もちろん周りは去っていき、気がつけば自分一人だけが空回りして戦っていました。

そんななか、上司はほんとうはボクを守ろうとしてくれていたのです。でもボクは、それをはねのけてしまいました。

「ああ、ボクはただ『**怖かった**』んだ」

「それが理解してもらえず『**悲しかった**』んだ」

「だからほんとうは、ただ『**怖いから助けてください**』と言えばよかったんだ」

そう気がついたのは、そのトラブルから何年もたったあと、退職を決めたころでした。

「大切にしてくれなかった！」と怒っている

「ゆるせない！」とは、「ワタシを侮辱した」「ワタシをバカにした」「ワタシを傷つけた」「ワタシの尊厳を奪った」と、結局のところは「ワタシを大切にしてくれなかった！」と怒っているということ。

つまり、「もっとワタシを大切にしてよ！」と怒っています。

「謝れ！」とは、「ワタシを大切にしなかった罪を償え！」と言っているのです。

要するにアナタは、「ワタシは大切にされる〝べき〟人だ」「だから謝りたまえ」と思っているということです。

謝られたとしてもゆるしてあげられないのは、「ワタシはもっと大切にされるべき人なんだよ！」「それをわかって！」と主張し続けているのです。

もしかするとアナタは、ゆるせないその人の言動から過去のことを思い出し、「〝やっぱり〟ワタシは大切にされない人だ」という思いをもってしまったかもしれない。「〝やっぱり〟ワタシはろくな目にあわない……」という信念を強めてしまったかもしれない。

そんなアナタでも、「ワタシは大切にされる〝べき〟人だ」「ワタシは大切な人なんだぞ！」という相反する思いがココロの奥にあるからこそ、相手を「ゆるせない」のです。

「すばらしい自分」を許可する

だから、「ワタシは大切にされるべき人だ」ということを、アナタ自身がわかってあげる必要があります。


「ああ、ワタシは大切にされるべき人だ」

「ワタシにはそれだけの価値がある」

それを、自分で自分に認めてあげてください。「自分はすばらしい人」であることを、自分にゆるして（許可して）あげてください。

その思いは外から、つまり人からの謝罪では埋まりません。もし埋まったように見えても、それは一時的なもの。

アナタがアナタを大切にせず、また大切だと思っていなければ、また怒りが表れ、人に謝罪を迫ります。

なにがあったとしても、もし相手がまたなにかを言ってきたとしても、「自分ってすばらしい大切な存在なのだ」と自分で認めること。それができるようになれば、侮辱されたと思うこともなくなります。傷つけられることも減っていくでしょう。

「尊厳は自分が自分に与えるもの」

それさえわかれば、人を「ゆるす」ことができます。

そろそろ「権利」と「正義」を手放して、被害者の椅子から降りてもいいころです。「大切なワタシ」とともに、すばらしく希望にあふれた未来へと、一歩踏み出しましょう。

ケース12 「なぜ自分ばかり！」という怒りの正体

田中さん（仮名）には、いつも上司から、めんどうくさくて手間のかかる仕事ばかりを振られるそうです。同僚たちはいつもラクそうで、楽しそうです。

だから田中さんは、「なんでオレばかりがいつも貧乏くじを引かされるんだ！」とイライラと腹を立てながら、不平不満を感じて働いていました。

彼と話をしてみて、すぐにピンときました。田中さんはとても理路整然としていて、まじめな性格。きっと仕事もできる人なのでしょう。だから、「上司は田中さんを信頼しているからこそ、難しい仕事を任せているのだ」と思いました。

そのことを田中さんに伝えると、「そんなバカな⁉」と最初は拒否されました。しかし、職場状況を冷静に振り返っていくことで、「ああ、そうなのかも……」と心当たりをたくさん思い出しました。

彼には、おっとりとした性格の年齢の近いお姉さんがいました。そのためか、親からも周囲からも「アナタがしっかりしないと」「オマエが長男だしな」「お姉ちゃんはいいんだ」と言われて、育てられました。

彼はそんな境遇のなか、いつも「ズルい！」と感じながら生きてきたのです。

田中さんには、当時言えなかった「お姉ちゃん、ズルい！」「ボク、もうやりたくない！」というコトバを言ってもらいながら、過去に置いてきた感情をじっくり感じてもらい、ゆっくりと時間をかけて成仏させていきました。

相変わらず仕事を引き受けすぎてしまうこともあるようですし、ブツブツ文句を言いながら働いているそうですが（笑）、上司とは信頼関係で結ばれているようです。

もっと

怒りを
味方にするワーク

カラダ

本音をカラダに聞く

「感情をカラダで全肯定するワーク」(61ページ参照)で怒りを落ち着かせたあと、次のように言ってみてください。カラダの声に耳を傾けることで、自分の本音に気がつけるかもしれません。


「オレ、不安だったんだ」

「オレ、嫌だったんだ」

「オレ、悲しかったんだ」

「オレ、怖かったんだ」

「オレ、わかってほしかったんだ」


そして、次のように聞いてみることで、過去の原因が見つかるかもしれません。


「ほんとうは、なにが怖いんだろう?」

「ほんとうは、なにが嫌なんだろう?」

「ほんとうは、なにを失うと思っているんだろう?」

「ほんとうは、なにが脅かされると思っているんだろう?」

「ほんとうは、だれから責められると思っているんだろう?」

「それはいつのことだろう?」


その場で答えが出なくても問題ありません。自分の本音に近づくほど、その感情は消えていきます。

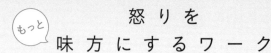

もっと

怒りを味方にするワーク

――カラダ――

「ワタシをゆるします」

「これまで、よくがんばったね」と自分をねぎらってから、カラダに染み込ませるよう、以下を自分に伝えてください。

「ワタシをゆるします」

カラダからの反応をじっくり味わってみてください。

過去に受け入れられなかった自分自身をゆるすことができれば、目の前の出来事もゆるせるようになります。

もしカラダが「ゆるせない」と反応したときは、次のように言ってみてください。

「ゆるせなくていいよ」
「『ゆるせないワタシ』をゆるします」

どこまでも自分をゆるし続けること、そして未来の自分を信じてあげること、それが自分への愛です。

怒りのトリセツ　本編

まとめ

▶ 怒りのほんとうのサインは
「本音をわかってほしい」

▶ 感情的な人は、ほんとうは
「悲しい」「寂しい」「不安だ」
と思っているのに、
怒りでしか表現できない

▶「アイツがゆるせない！」という
気持ちになるのは、「ワタシを
大切にしてくれなかった！」
と怒っているから

第8章

喜びのトリセツ

怒りを肯定すると【喜び】が増す

喜びは「こっちだよ」と教えてくれるサイン

第1章で、ネガティブ感情とポジティブ感情は、どちらも「人を生かし、幸せにするもの」だとお話ししました。

ネガティブとポジティブ、よい悪い、と分類しているのはアタマだけであって、カラダからすれば、どちらにも違いはなく、同じ役割を担っています。ですから、ネガポジ両方の感情を理解することで、より、ありのままに幸せに生きるすべを身につけられます。

そこで最後に、「喜び」を中心としたポジティブ感情について説明します。

ポジティブ感情とは、快適で気分がよい、楽しいと感じる感情のことです。

新しい仕事にワクワクと「興奮」し、「喜び」を感じる。「平穏」な日々のなか、快適な職場環境で、「安心」を感じられる仲間たちと交流し「温かな気持ち」になる。こんな感情でいられたら、仕事も楽しくはかどりますね。

さて、ここまでの説明で、感情は「人を生かす」ためのものであることはわかりましたが、この喜びの感情たちは、なんのためにあるのでしょうか。

ネガティブ感情が鉄壁の「守り」であれば、ポジティブ感情は積極的な「攻め」です。

喜びの感情は「人間の可能性を広げ、成長を促すもの」で、「ねえねえ、こっちだよ！」と教えてくれるサインです。つまりは、**人間が新しいことに「挑戦していくエネルギー」**だといえます。

喜びが生み出す効果とは

人間は、ほかの動物よりも「好奇心」や「探究心」が強い生き物です。

今の環境に適応し生きていくためだけならば、かならずしも「好奇心」は必要ありません。それどころか、よけいな好奇心を発揮したことにより、命を落としてしまう危険性さえあります。

一方で、「好奇心」がないと大きな成長や新しい発見はありません。

これまでわれわれは、山や海や宇宙を探索し、技術や科学を発達させ、さまざまなチャレンジを続けることで、この現代文明をつくり上げてきました。**人間は「ワクワク」という感情を原動力とすることで、その世界を広げてきたのです。**

あわせて、穏やかなポジティブ感情は、「安全であることを教えてくれる感情」でもあります。「安らぎ」や「満足」で安全な居場所を見つけて整え、「ワクワク」「喜び」でチャレンジし成長する――そんな、よりよい方向へと導いてくれるのが、ポジティブな感情なのです。

ここでおもしろいのは、どんなことに喜びや興味、ワクワクを感じるかは、人によってまったく異なっており、それ自体が神の采配によるものだということです。

近年、「多様性」というコトバがよく聞かれますが、じつは、これこそがわれわれ人間に組み込まれた生き残りのプログラムです。

みんなが違う方向に向かい、その分野をワクワクと開拓していくことで、集団として生きる人間全体の可能性が広がっていくのです。

喜びを禁止していませんか？

これまでネガティブ感情を否定し、抑え込んできた人は、ポジティブ感情も禁止していることが多いです。だから、口では「幸せになりたい」「チャレンジしたい」と言いながらも、ポジティブ感情のエネルギーを得られないために、その行動を具体的に起こすことができません。

感情は、カラダの感覚で感じるものだと、たびたび説明してきました。

ネガティブ感情を否定、禁止、ガマンすると、緊張状態となり、無意識にカラダを固めたり（これが肩こりや腰痛の原因となります）、神経の感受性を鈍らせたりして、感情を感じない状態をアタリマエにしていきます。

カラダの感覚に鈍感になると、「胸がワクワクする」といったポジティブな感情も感じられなくなっていきます。

そうして感情（＝自分）を否定し続けていくと、無表情で無感動な人になります。

もしくは、ネガティブを否定してポジティブばかりをよしとするも、カラダが微細な感覚を感じられないために、強い興奮ばかりを求める人になります。ポジティブ信者、ワクワク原理主義の人っていますよね。それは、ポジティブに依存した、偏った状態になっているのです。

喜びを禁止すると、怒りが大きくなる

過去の体験から、「喜んではいけない」と直接的に思い込んでいることもあります。

- 先生に褒められて喜んでいたら嫉妬され、仲間はずれにされた。
- 97点をとって喜んでいたら、「どうして、あと3点がとれないの？」と親に言われた。
- 賞をとったことをうれしそうに報告したら、「天狗《てんぐ》になるな！」と強く諭された。
- 機嫌よくしていると、「なにヘラヘラしているんだ！」と否定された。

喜びを表現すると不利益をこうむる環境にいた、高い目標ばかりを設定され、褒められることがなかった、という経験をすると、本来喜んでもいい出来事があっても、「これくらいはアタリマエ」「どうせお世辞でしょう？」「嫉妬されるかもしれない」などと考え、喜びを抑え込んでしまいます。

人はネガティブ感情とポジティブ感情の両方を使って、バランスをとっています。

自分で自分の喜びを（知らぬ間にも）禁止していると、ネガティブ感情が大きくなり、それが「不安」や「怒り」に変わっていき、目の前の幸せにも気づけなくなります。

ポジティブもネガティブも両方必要

会社には、ネガティブな発言をする人たちがたくさんいます。

ボクも以前は完全にそちら側の人で、会議では「うまくいかない理由」を探してはイチャモンをつけ、部下の悪い点ばかりを見つけてはダメ出しをしていました（もちろん、自分に対してもです）。

しかし、会社はポジティブな「行け行けゴーゴー」な人ばかりでは、暴走してしまいます。「そのままのキミでいいんだよ」とばかり言っていても、成長にはつながらないかもしれません。

ネガティブ感情は、身の危険を感じたときに、迅速かつ慎重な対応をするためのエネルギーです。

そのため、慎重な意思決定を必要とする業務や、注意しながら集中しなければならない作業をこなすためには、非常に有効な感情だといえます。

一方ポジティブ感情は、広い視野をもって新しい可能性を探り、ビジネスの枠を外して自由に探求していくための原動力となります。


このように、**職場全体から見てみれば、ネガティブな人もポジティブな人も必要で、それぞれがブレーキとアクセルの役割を果たしながら進んでいくのです。**ネガポジ人材両方がお互いの特性をよく理解し、上手に調和していくことが会社の成功と成長のカギです。


そして、これは自分自身においても同じことです。「じぶん会社」の中にいる「ポジティブくん」と「ネガティブさん」たちが、時に葛藤し、時に衝突しながらも、お互いが自分のために〝よかれ〟と思って行動しています。

会社もカラダも過剰な【危険モード】、つまり「恐れ」の中にいると、ネガティブさんの声が大きくなってしまうので、自分が【安全モード】でいられるように意識しながら、それぞれの感情に本来の役割を担わせてあげましょう。

すべての感情にＯＫを出してあげることで、アナタは最も高いパフォーマンスを発揮できます。

喜びのエネルギーは枯渇しない

仕事でなにかを達成するときは、「がんばる」必要があります。

ところで、「がんばる」には2種類あります。ポジティブ感情をエネルギーとした「楽しくがんばる」と、ネガティブ感情をエネルギーとした「苦しくガマンしてがんばる」です。

「苦しくガマンしてがんばる」は、長続きしません。

ネガティブな感情は、しんどい状況を一時的に回避するために出てくる強いエネルギーです。瞬発力はありますが、そのうち枯渇してしまいます。

ボクはそれで3度の休職を経験しました。終わりのない「ガマンのがんばり」の先にあるものが、「うつ」というエネルギー切れの強制終了です（これは感情エネルギーの話なので、「がんばって結果が出たかどうか」とは関係ありません）。

幼い日より【危険モード】の経験が多かった人は、「がんばる」を、この苦しいほうだけだと思っていることがあります。

そうすると、「なにかを達成する＝苦しいガマンが必要」と捉えてしまい、新しいことにチャレンジすることに億劫《おっくう》になり、より成果を出しにくくなるという状況に陥ります。

「楽しい」「うれしい」といったポジティブ感情のエネルギーは枯渇しません。

自分自身が「好き」や「得意」と思えることをやっていれば、がんばらずとも容易にエネルギーを生み出すことができるからです。

また、ポジティブ感情はつながりを生む感情ですから、そのエネルギーを人との間にも循環させることができます。自分が「楽しい」と思って取り組む仕事は「喜び」を生み、その仕事をさせてもらえること自体に「感謝」が生まれます。人に貢献でき、相手からも「感謝」され、そこにまた「喜び」が生まれ、と、永遠にエネルギーを生み出し続けられます。

このように、**アナタ自身が喜びのエネルギーで生き始めると、エネルギーはなくならない、いつも〝ある〟ことがわかってきます。**

それが体感できればできるほど、相手と戦い、奪い合う【危険モード】から抜け出せるようになります。

ケース13 仕事を断るのは〝わがまま〟なのか

以前、小さな会社を経営する平賀さん（仮名）から「やりたい仕事しかやらないアルバイトがいる」「どうしたら、わがままな若者に言うことを聞かせられるか」という相談を受けたことがあります。

そのバイトくんは、やりたくない仕事もブツブツ言いながらやってはいるのですが、基本的には、仕事を選好《えりごの》みするのだそうです。

平賀さんが仕事を頼んでも「それは苦手なので、できません」「それはBさんのほうが向いていると思います」と、簡単に断ってきます。

そのうえ、「それ、楽しそう！」と思った仕事は、ほかの人に譲ってもらってでもやろうとするのです。

そんなバイトくんにあきれて腹を立てる平賀さんに、

「どうして指示に従わないのか、本人の思いを確かめたことはありますか？」

と聞くと、「ない」と言います。

「だって、そんなのただの〝わがまま〟じゃないですか」

「彼が今それなりに仕事に取り組んでいるのであれば、わがままだと言わずに、とにかくいちど聴いてみて」と、ボクは伝えました。

そしてバイトくんから出てきたコトバは、次のようなものでした。

「苦手なことや嫌いなことをやったら、逆に迷惑がかかるから」

「自分に向いている仕事をやったほうが、全体のパフォーマンスも上がると思った」


確かに扱いにくいところはあるのですが、彼は彼なりに、自分の特性をどう生かしたらいいのか、どうしたら職場全体の役に立てるのかを考えて行動していたのです。

それを聴いた平賀さんは、「バイトは言うことを聞いてアタリマエ」「仕事はガマンしてがんばるものだ」という思い込みに縛られていたことに気がつきました。

そして、適材適所を考えず、自分の思うとおりにバイトたちを動かそうとしていた自分こそが〝わがまま〟だったのでは、と思うようになったそうです。

それ以来、平賀さんはバイトくんたちとしっかり話し合いをするようになりました。その後、「若者はすぐバイトを辞めてしまう」という、もうひとつの悩みも解決し、今では仲間意識をもって楽しく働けているそうです。

「喜び」や「好き」に素直になろう

アナタが「好き」や「楽しい」という喜びを感じられることを仕事にできたのであれば、「怒り」や「不安」を感じる場面は少なくなっていくでしょう。

「好き」や「喜び」とは、だれになにを言われようが、どう見られようが、それが地味で注目を浴びない仕事であっても、「あー、これ好きだわ」とじわーっと満たされたり、思わず「ニヤニヤ」してしまったり、カラダが「ワクワク」と感じることをさします。

ガマンばかりしてきた人は、「好き」より「損得」や「人目」を判断基準にしているかもしれません。一方、幼い日から「好き」を肯定してきた人は、「好き」に素直です。「好き」に素直になるには、世間の価値観や自分の中の思い込みルールに反することにチャレンジする必要があるかもしれません。そこに「恐れ」は生まれますが、その「恐れ」は過去の記憶から生まれた「マボロシ」です。**喜びに従って生きることが、ボクたち**

人間に組み込まれたプログラムなのです。

いつも自分に問いかけてみてください。感覚の封印を解いてカラダの声を聴けるようになったアナタなら、そろそろその声に従ってみてもいいかもしれませんよ。

喜びはつながりをつくり出す

赤ちゃんが笑っているだけで、そこには自然と人が集まってきます。

職場でも楽しい話題を提供してくれる人がいれば、人が集い、笑顔があふれます。

『日本書紀』に出てくる天岩戸《あまのいわと》の話をご存じでしょうか。

スサノオの蛮行に腹を立て天岩戸に引きこもったアマテラスに、その岩戸を開けさせたのは、岩戸の外で繰り広げられた八百万《やおよろず》の神たちによる笑いと舞いでした。

【危険モード】にいる人も、そこに喜びや笑顔があれば、つられて【安全モード】へと感情が切り替わり、ついその喜びに自ら巻き込まれていきます。

喜びは人と人を結びつけ、「つながり」をつくり出す感情です。

人との「つながり」はさらなる喜びを生み、エネルギーは循環していきます。


なんらかの過去の体験から、もしその喜びを封印したり、恥ずかしがって出さなかったりしているのであれば、それはとてももったいないことです。

積極的に表に出すことで、アナタ自身が【安全モード】になるとともに、周囲の人ともどんどん「つながって」、みんなで喜びと幸せを感じていきましょう。

ケース14 嫌いな上司とつながることができた喜び

ボクは退職するとき、ひとつの挑戦をしようと思いました。それは、嫌いだった上司、同僚、後輩に会いにいって、「ありがとうございました」と伝えること。

威圧的な人、怒鳴る人、ズルい人、ケチな人、いつも批判する人、仕事をサボりまくる人、生意気な人――そんな、仕事上ぶつかって相いれなかった人たち。20年近く会社にいたので、数えればけっこういます。

退職間際で、もうこの業界に戻ることもないだろうと思っていたので、このまま会わずにスルーしてもいい人たちです。だからこそチャレンジだな、と思いました。

どうせなら最初のターゲットにと、自分の中で大ボス的な人、あるプロジェクトでご一緒し、すでに別業界に転職していた三浦さん（仮名）に会いにいきました。

いつも怒鳴り、イエスマン以外には超冷酷で、権力でゴリ押しして自分の言うことを聞かせる人。あまりにも嫌いで、かなりぶつかり、関係はとっくに破綻していました。

会うのはすごくビビりましたし、正直、冷や汗が出ました。

応接室に通されてソファーに座っていると、そこに現れた三浦さんは、相変わらず怖い！　ヘビににらまれたカエルのように、カラダが固まりました。

来たことへの後悔と喉の詰まりを覚えながら、「退職することになり、ご挨拶に参りました。当時はほんとうにお世話になり、ありがとうございました」と伝えました。

そうすると、「いやぁ、こちらこそ、ほんとうにお世話になったね」「そうかー、加藤くんも卒業組か、一緒だな」と歓迎され、肩透かしを食らいました。

いろいろお話ししていくうちに「あのときはこんなことがあってな……」と昔話になりました。当時、ボクのような下っ端からはうかがい知れない、さまざまな事情があったこと。裏ではボクのためにいろいろ尽力してくれていたこと。三浦さんは三浦さんで、味方がおらず孤立していて、自分を守るために必死だったことなどなど、びっくりするような話がボロボロと出てきました。

三浦さんに会いにいったのは、自分のメンタルの変化を試す「度胸試し」のつもりだったのですが、三浦さんがいい人すぎて、思わず泣いてしまいました。

そして自分も、当時の自分の弱さから三浦さんに反抗していたことを謝罪し、「お互い成長したなー」と、笑ってお別れできました。

あれほど「怖い」と思っていた人の顔が、別れ際にはまったく別人の、優しい仏の顔に見えたのを覚えています。

人とつながることができた「喜び」をかみ締めるとともに、今まで自分や相手の本音に気づくことができず、なんてもったいないことをしてきたのだろうとも感じました。

すべての挨拶まわりを終えたとき、会社にいた20年間、**ボクには敵なんてだれもいなかったのだ**、ということに気づきました。

喜びを
味方にするワーク

―― カラダ ――

喜びをじっくりと感じる

ポジティブ感情だからこそ、「感情をカラダで全肯定するワーク」(61ページ参照)を行いましょう。「うれしい」「楽しい」という気持ちになったら胸に手を当て、深呼吸しながら、こう言ってください。

「ああ、うれしいなぁ」

「ああ、楽しいなぁ」

胸に感じる温かさ、腹の底から「じわーっ」と湧き出る喜び、後頭部がゾワゾワする感覚、全身を走る満たされた感覚、それらをじっくりしっかり感じてカラダに浸透させることで、カラダ記憶として残していきましょう。

それが【安全モード】のベースです。その感覚を覚えていれば、いつでも戻ってこられます。

「ほんとうはどうしたい?」

なにかを始めるとき、迷ったときには、いつもカラダの声を聴くようにしてください。

「これ、好き?」

「これ、ほんとうにやりたい?」

「ワタシは、ほんとうはどうしたい?」

それが「喜び」なのか、「恐れ」なのか、その感覚をじっくりと確かめてみましょう。カラダが答えを教えてくれるはずです。自分自身とつながり、本音を採用できるようになると、人生がスムーズに流れ始めます。

喜びを味方にするワーク
――カラダ――

喜びスイッチをつくる

カラダ（五感への刺激）と感情がつながっていることを利用して、喜びの感情をいつでも呼び出せるスイッチを自分のカラダにつくります。NLP（神経言語プログラミング）の「アンカリング」という手法です。

① これまでの人生で、思い出しやすい「喜びや楽しさに満たされた体験」を選ぶ。

② その体験・感覚をありありと思い出し、リアルな場面をイメージする（もしくは実際に体験する）。「主観的な視点」での映像（自分の目から見た光景で、自分の姿は見えない）を思い描くとよい。

③ 喜びの感情がピークに達する直前の状態で、スイッチとなるカラダの部位を触る。たとえば、「胸をトントンとたたく」「手首を強くギュッと握る」「お守りを握る」など。

④ いちど休憩し、気分をリセットしたあと、スイッチとなるカラダの部位を触ってみる。感情が出てこない場合は、①〜③をやり直す。

元メジャーリーガーのイチローさんが、かならずバッターボックスでバットを突き出す動作をするのも同じ原理で、カラダからポジティブ感情を思い出しているのです。この方法を応用すれば、さまざまな感情スイッチをつくれます。

喜びのトリセツ

まとめ

▶ 喜びは「ねえねえ、こっちだよ！」と教えてくれるサイン

▶ ネガティブ感情を否定する人は喜びも禁止していることが多く、チャレンジするエネルギーを得られない

▶ 喜びを積極的に表に出すと周囲の人とつながることができ、より多くの喜びと幸せを感じられる

最終章

感情は敵ではないことに気づく

怒っていたのは、ただの〝強がり〟だった

じつはボクは、いつのころからか、極度のビビリです。

職場で過ごした20年間も、わずかな「喜び」はありながらも、ほとんどが「恐れ」の中で生きてきたような気がします。

この「恐れ」とは、「できないヤツ、ダメなヤツと思われる」という「恐怖」です。だから会社では、表向き〝強くてできるヤツ〟のふりをして働いていました。

その試みは、ある程度の成功を収めました。

仕事では評価され、それなりに昇進を果たし、大きなプロジェクトも任されるようになりました。やがて現場職からマネージャーへと昇格していきます。

こうやって「成功」といえるものを手に入れれば「自信」がつき、強くなれる——そう思って生きてきました。しかし、手に入れた自信は、はかなく一瞬のものであり、ただ仕事のプレッシャーだけが大きくなっていき、どんどん「恐れ」は増大していったのです。

そして2度目の休職をしたある日、「ああ、ボクはただ〝強がっていた〟だけだったのだ」ということに、ふと気づきました。

ビビリで不安で焦っちゃう、ほんとうは仕事も苦手な、情けなくて社会不適合で弱くてダメな自分だから、そんな自分の感情たちを否定して〝強がる〟しかなかった。

強がるためには「怒り」のエネルギーで自分を鼓舞するしかなく、「怒り」で自己正当化し、相手を悪者とし、仕事とも人とも戦って、弱い自分を守ってきたのです。

感情を肯定したら「敵」が消えていった

「恐れない」よう〝強がって〟戦うことで、自分を守る戦略は失敗に終わりました。

では、戦いから降りるにはどうしたらいいでしょうか。

それは、**「恐れてもいい」「怖くてもいい」と受け入れること、「恐れ」に降参すること、**それしかないと気づきました。

でも、それはものすごく「怖い」わけです。弱くてビビリで不安で泣いちゃう自分を認めてしまったら、「嫌われて」「仲間はずれ」や「置いてけぼり」にされてしまう、そう感じるのですから。

でも少しずつ、恐れを受け入れる行動をしていきました。

不安な自分を部下に見せてみました。「わかってもらえなくて悲しい」と上司に伝えてみました。同僚に弱音を吐いて話を聴いてもらいました。「会社行きたくない」と妻にも告白してみました。そんな「恐れ」たちを自分に認めてあげたのです。

そうしたら、「そんなときもあるよね」「わかるわかる」「そんなの、ワタシもしょっちゅうだよ」と、受け入れてもらえたのです。嫌われるどころか、じつはみんなも同じだということがわかりました。

嫌悪も恐れも不安も悲しみも、そして怒りも、否定する必要なんてどこにもありませんでした。

「そのままの自分を表現してもよかったんだ」ということがわかると、〝強がる〟ことで戦ってきた敵や問題が、自分の周りから消えていきました。

やがて、ずっと欲しかった「安心」や「喜び」、そして「つながり」といった感覚を少しずつ手に入れられるようになりました。

感情はコントロールするものではない

「困った感情をコントロールできるようになるべきだ」、これまではそう思って生きてきました。

でも、じつはコントロールできる人を目ざすより先に、そのままの感情を受け入れたうえで、「できるだけ感情を解放したまま機嫌よくいられる環境を、自らつくる」ということに取り組まない限り、安住の地はないのだな、ということがわかってきました。

感情の否定とは自分への否定です。まず自分がもっている感情を認めてあげないと、自分がどんな人なのかもわかりません。

よく考えればわかります。「快、不快」「好き、嫌い」「怖い、苦手」「悲しい、腹が立つ」「楽しい、つまらない」、そんな自分の本音をわからずして、自分を取り巻く環境を快適で望むものになど、していけるはずがないのです。

対人関係においても、自分のことがわからなければ「お互いのための議論」も「改善の話し合い」もできず、「無視」や「去ること」すらできない。ただガマンするか、怒りや哀れみで他人を動かそうとするしかできなくなっていきます。

ニセモノの感情を伝えていては、相手には伝わらない。だから本音で腹を割って話す。こんなアタリマエのことが怖くて、「怒り」に逃げていたことに気づきました。

自分が感情を否定する「敵」でなくなれば、感情も自分を困らせる「敵」ではなくなります。感情とは「今の自分」の状態を教えてくれるナビゲーターで、一緒に歩む「味方」です。

本音で生きようとすると、まだまだ「ビビリな自分」が相変わらず顔を出しますが、「怖い、怖いと言いながら進んでいけばいいや」、そんなふうに思って日々を暮らしています。

自分の感情の面倒は自分で見る

序章でも書きました。

いつもボクは「こんなにガマンしてがんばって働いているのに、だれも自分の気持ちをわかってくれない！」と感じていました。

これまでは、人に「わかってもらおう」、つまり自分の感情の面倒を他人に見てもらおうとして生きてきました。

でも感情を否定していたことによって、自分で自分の気持ちさえわかっていませんでした。だから、人にもわかってもらえるはずもないのです。

自分の感情の面倒は自分で見る。

その方法はただひとつ。

「感情を肯定すること」

嫌いでもいい、不安でもいい、怖くてもいい、悲しくてもいい、そして怒ってもいい。

過去に置いてきた感情たちを、ひとつひとつ丁寧に取り戻していきましょう。

失ったパズルのピースをコツコツと組み立て終えたとき、そこには「ほんとうの自分」の姿が現れます。

ほんとうの自分はきっと、子どものように素直で、感情豊か。

怒ったり泣いたり笑ったりと、忙しくも楽しい「無敵の人生」が待っているはずです。

感情をカラダで全肯定するワーク　完全版

1

「怒り」「不安」などの不快な感情が出てきたら、一人になれる場所に行きます

- 寝転んでやると効果的です。重力の影響が少なくなるため、カラダや内臓の感覚を感じやすくなります。
- 寝転ぶのが難しい場合は、帰宅後にそのときの状況や感情を思い出しながら、やってみてください。
- 慣れれば寝転ばずに、人混みの中でもどんな状況でも、できるようになります。
- 就寝時や寝起きなどに不快な感情があるときはチャンスですので、そのまま取り組んでみてください。

2

不快な感覚が出ているカラダの部位を特定します

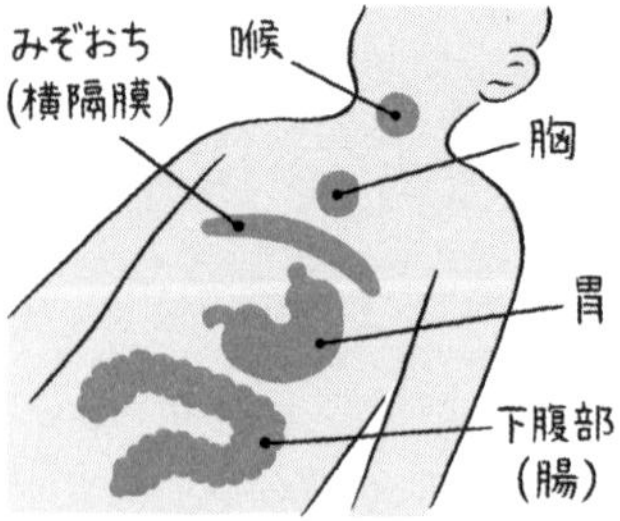

- カラダの中で、違和感や気になる不快な感覚を探してみましょう。
- とくに口から腸までの縦のライン——喉が詰まった感じ、気管支（呼吸器）の違和感、胸がムカムカ・ザワザワする、胸が締めつけられ重苦しい、みぞおち（横隔膜のあたり）が固まる、胃の痛みや不快感、腸の不安定な感覚（下しそうな感じ）などが多いでしょう。
- 後頭部・肩・背中・肩甲骨まわり・腰・目などの筋肉が硬直する場合もあります。

3

その部位に手を当てて、深呼吸をします

- 手を当てるとかえって感じにくくなる場合は、当てなくてもかまいません。
- まずカラダの感覚に対して「こんにちは」と言ってみて、どんな変化があるか、ようすを見てください。
- 「しっかり感じる」というよりも、「寄り添って声を聴いてあげる」イメージです。

4

カラダの感覚を物質的にじっくりと観察します

- 色、形、手触り、温度、香り、音、味など、物質的・体感的にイメージしてください。
- 一体化してしまっていた「自分自身」と「感情」とを、分離して捉えやすくなります。

5

「感じていいよ」「出てきていいよ」と声に出します

- 「怖くていいよ」「嫌でいいよ」「泣いていいよ」「怒っていいよ」でも、自分がしっくりくるものでOKです。
- 感情を“瞬殺”するのがクセになっているので、「いいよ」と明示的に“許可”を与えてあげましょう。
- 声に出して、カラダの感覚の変化を感じてください。最初はしっかり口に出すことが大切です。
- 感情が怖がって出てくるのを抵抗している感じがあったら、深呼吸をしてカラダを緩め、肩の力を抜いてください。
- もし過去の記憶を思い出して感情が高ぶり、涙や怒りが出てきたら、そのまま出してあげましょう。
- 「怖がらなくていいよ」「大丈夫だよ」というコトバは、一見よさそうですが、感情の否定になることがあります。あくまでも自然に出してあげる意識が大切です。

6

ゆっくりさすったり、トントンと優しくたたいたり、ぐっと押して圧をかけたりします

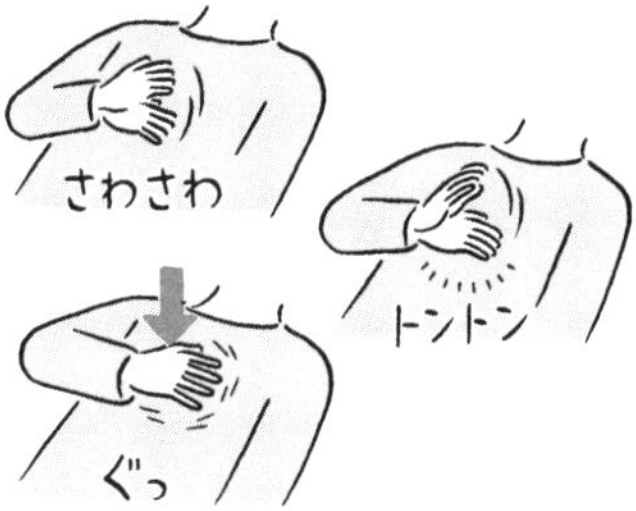

- 落ち着いてきたら、その部位に、手の温かさ、さすっている心地よさなどの「安心・安全・満足」な感覚を、しっかり浸透させてください。
- ネガティブな感情が収まったところに、安心を上書きするイメージです。自分が心地よい場所、心地よい強さを探してみてください。

7

カラダが落ち着き、満足したと思ったら終了します

- 5〜20分程度、慣れれば数分でもOKです。
- 「ありがとう。またね」と自分に言ってください。その意識だけでもOKです。
- 感情は「感じ切ろう」としなくてかまいません。
- スッキリとせず、ネガティブな感情や感覚が残っていても問題ありません。

感情をカラダで全肯定するワーク　オプション

その感情に名前をつける

・いつも出てくるおなじみの感情には、名前をつけてあげましょう。「自分と分離した別のもの」として、冷静に扱えるようになります。

・名前は「イライラちゃん」「ザワザワくん」「灰色くん」「トゲトゲちゃん」など。

・出てきたときに「いつものイライラちゃん、出てきたなー」と、名前で呼びましょう。

・名前が思い浮かばないときは、その部位に「なんて呼ばれたい？」と聞いてみましょう。

・それでも浮かばないようなら、なくてもかまいません。「いつもの」程度でもOKです。

カラダのあちこちをさすり、セルフハグをする

・肌をさすることが、安心への入り口です。赤ちゃんと母親の信頼関係や安心感は、肌感覚のスキンシップから生まれます。

・人間は、口から肛門までがつながった「筒状」をしており、肌は内臓と裏

表の関係です。

・二の腕をさすると安心ホルモン（オキシトシン）が出ることが知られています。ぜひ自分を優しくハグしてあげてください。

・自分が安心・安全を感じられる強さや位置を探してみてください。

深呼吸をする

・カラダが【危険モード】のときは、外敵に対処するためにカラダが緊張し、呼吸が浅くなります。呼吸をおもに担っているのは肺の下、みぞおちにある「横隔膜」という筋肉です。横隔膜を収縮させることで、呼吸をコントロールしています。そのため不快な感情は横隔膜に出やすいのです。

・横隔膜に圧力がかかると、脳内に幸せホルモン（セロトニン）が出ることが知られています。おなかを大きく膨らませる腹式呼吸がいいといわれるのは、横隔膜に圧力がかかるからです。

・緊張した横隔膜を伸ばしてストレッチするつもりで、息をゆっくり吸ってみましょう。しだいに、深い呼吸とともにリラックスできるようになります。

感情をカラダで全肯定するワーク

ポイント

1 自分の気持ちに気づけるようになる

いつも自分の感情（気持ち）に意識を向け、ＯＫを出していくことで、自分が常日頃なにを感じているのか、気づけるようになります。

感情に気づくことができれば、感情に自動反応で動かされていた状態から抜け出せます。それにより自分への信頼が上がり、自信がつきます。

また、自分の感情に気づくと、自分にウソをつけなくなることから、どんどん素直になっていきます。

2 カラダの感覚がわからないとき

カラダの感覚を感じるのが苦手な人は、最初は練習が必要です。

カラダの感覚が感じられない場合は、胸と腹にそれぞれ右手、左手を当て、なんとなく「このへんにあるんだ」と、その手が触れている部位の感覚を感じてみてください。あわせて、呼吸にも意識を向けてみてください。

3 思考や眠気が邪魔し、感じるのが難しいとき

もし思考が浮かんだとしても、何分かたてば「あ、感じるんだった」と気づき、戻ってこられます。そこで「考えてしまう自分はダメだ」とアタマ（思考）に回すことなく、淡々とカラダの感覚に意識を戻してください。それでも思考が止まらないときは、「考えちゃうんだね」と受け入れ、その思考と一緒にいてあげましょう。

眠気があるときは「寝ちゃダメだ」と考えず、寝てしまってかまいません。たとえ少ししかできなくても、感じたら感じた分だけ、感情の消化は進みます。「体感覚を感じる力をじっくり育てるのだ」という気持ちで、気長に取り組んでください。

4 この「やり方」で合っているのか、不安なとき

「やり方」はその人の「感覚」なので、人それぞれです。ボクがどれだけコトバで説明したところで、ボクの感じているものとアナタの感じているものは別物かもしれません。

ですから、「やり方」を気にするよりも、「自分の感情が少しずつ軽くなっているな」「感情を出せているな」「安心できるようになってきたな」という「感覚」を頼りに、自分なりの工夫をしてみてください。

5 感情が噴出したとき

感情に「いいよ」と許可を出すと、「え、いいの?」とばかりに一気に噴出することがあります。それで怖くなり、「これは失敗だ」とやめてしまう人がいますが、それこそが、感情を感じるプロセスが進んでいる証拠です。

カラダの感覚から過去の記憶にダイレクトにアクセスすることで、今までアタマで抑えつけてきた幼い日の恐れ、悲しみ、もしくは怒りの感情が顔を出した、ということです。これまでは思い出さないようにカラダを固め、自分を守ってきたのです。

感情が噴出したときも、あくまで「カラダの感覚のみ」に意識を向けてください。アタマ(思考)に回してしまうと、「不安」や「怒り」をさらに大きくし、過去のしんどさを追体験するだけになってしまうことがあります。

感情があまりに出てきてしまう場合は、途中でやめてもOKです。少しずつ取り組んでいきましょう。

PTSD(心的外傷後ストレス障害)の診断を受けている人や、パニックで過呼吸に陥ってしまう人は、主治医と相談しながら取り組んでください。

ボクもこの方法で、過去の恐れや不安を何度も感じています。冷や汗が出て震えたり、強い怒りを一時的に感じたりすることもありましたが、数日から一、二か月の間感じてあげることで収まっていきます。その後は、以前感じていた過度な不安を感じなくなったり、いちいちイライラしなくなったりと、かならずラクになります。

しばらくしんどい感情が続くかもしれませんが、自分の自然な感情浄化のプロセスだと信じ、カラダに任せてみましょう。

6 ほかのボディーワークとの併用について

ヨガや瞑想、呼吸法など、自身が使い慣れたメンタルを落ち着かせられるワークがあれば、ぜひ併用してください。

ただ、これまでは「ネガティブ感情から逃れる(否定する)」という目的で行っていたケースが多いと思います。このワークでボクが伝えたいのは、「感情を『いいよ』と肯定し、解放すること」だけです。感情を否定せず、「怖くていいよ」「出てきていいよ」と、感情を感じることを許可しながら行ってください。きっと相乗効果があることでしょう。

あとがきにかえて

この本はゆる〜いエッセイ風の内容にして、『怒ったままで幸せになる方法』という、一風変わったタイトルで書こう——そう考えていた時期がありました。

自分のことを解決するために、これまで「怒り」に関する本をたくさん読んできましたが、ほとんどの本が「怒りを消す」「怒りをコントロールする」といったタイトルのものばかりでした。

「そもそも怒りはよくないものだ」と「敵」認定し、怒りをなくすこと、もしくは自分のいいように制御することを前提とした本が多かった気がします。

すべての本がそういう内容ではないと思いますが、そんな意図を感じてしまうタイトルに、ちょっぴり違和感を抱いていました。

現在のボク自身は、感情のほんとうの意味を知ることで、穏やかな人生へとシフトできましたが、怒ってしまうこともたまにあります。でも今は「怒っていい」と自分に許可できているので、「ちゃんと、表立って、その場で、怒る」ことができるようになりました（あわせて、素直に謝罪できるようにもなりました）。

会社でイライラをためては怒りを爆発させ、ただ不幸へと一直線にひた走っていた自分が、「怒ったままで幸せ」になれたのだから、そんな思いをストレートに伝えたタイトルの本があってもいいかなと思ったのです。

＊　＊　＊

ところで、「幸せ」ってものすごく「主観的なもの」です。

「主観的」とは、「アナタがどう感じるか、どう思うか」ということ。だから、「幸せ」はアナタの中にしかありませんし、アナタにしかわからないものです。

いい会社に入ったら幸せになれるワケでもなく、仕事がバリバリできたら幸せになれるワケでもない。お金や地位を手に入れたら幸せになれるワケでもなく、有名で人気者になれたら幸せになれるワケでもない。

そして、怒らなくなることで、幸せが手に入るワケでもありません。

これらは「『幸せ』になるための〝手段〟として、世間一般的に有効っぽい」と思われているだけで、「アナタの幸せ」とは、まったくもってイコールではないのです。

いい会社でもうつになる人は山のようにいるし、仕事をバリバリやりすぎてカラダを壊してしまう人もいる。お金や地位があっても不幸せな人なんて、テレビドラマの中にもいっぱい出てくるし、ボクなんか引きこもり体質だから、人気者になって人がいっぱい寄ってきたら、たぶん、ものすごくしんどくなります。

怒らなくて一見穏やかそうに見える人も、ほんとうはただ自分をごまかしてガマンしているだけ、ということもあるでしょうし、そもそも怒らないけれど、同時に喜びも感じられないという人もゴマンといると思います。

幸せは、見た目や条件ではありません。

「どうやったら幸せになれるか」は、アタマで〝考えて〟も答えは出ません。

幸せになるためにはココロ、つまりカラダに出る「感情・感覚」で〝感じて〟みるしかありません。

「これ心地いい？　悪い？」

「これ好き？　嫌い？」

「これやりたい？　やりたくない？」

「オレ、ワクワクしてる？　満たされてる？　安心してる？」

「ワタシ、ほんとうに幸せを感じてる？」


そうやって、いつでも丁寧にひとつずつ、自分自身に確かめていく。この作業は、すべての感情に「出てきていいよ」と許可を出してあげないとできません。

他人の言うことに振り回されず、「これが自分の幸せだ！」と感じることをヨシとして生きていく勇気をもつこと。そうやって、自分自身を少しずつでも満たしてあげること。ただそれだけが、ほんとうに幸せになれる方法です。


自分のカラダの声である「感情＝本音」を信じてあげないと、社会や世間や、そして親がヨシとするものばかり追い求めて、生きてしまいます。

やがて気がつけば、「こんなのオレの幸せじゃない！」「オレはこんなにガマンしているんだ！」と、現状に嫌気がさし、周りと比較し、不安で、寂しくて、悲しくて、満たされず、それを「わかってくれよ」と、怒りで訴えるようになります。

幼い日から自分の感情を許可できてきた人からすればアタリマエのことですが、ボクのように善悪や損得で考えて感情を否定してきた人たちには、コツコツとカラダの声を聴く練習が必要です。

自分の感情に〝素直〟になり、ほんとうの幸せを感じられるようになったときに初めて、「いい会社」や「仕事ができる」「お金持ち」「人気者」といったことを、アナタをもっと幸せにするために使えるようになります（もちろん、手放すこともできます）。

そして、そんな〝素直〟な人の前では、周りの人や感情もアナタをおびやかす「敵」ではなくなり、【安全モード】のなか、もっと幸せを感じて生きていけるようになるのです。

怒ったままでいい、泣いてもいい、不安で怖くてビビリでいい、嫌いなものは嫌いなままでいい。そのままで、幸せになりましょう。

幸せになる方法は簡単。

自分のカラダに聴くこと。

アナタの感情が、すべてを教えてくれます。

もし、今はまだ感情を受け入れることが怖かったとしても、「もしかして素直になってもいいのかも、本音で生きてもいいのかも」、そう感じてもらえたなら、この本の著者として、こんなにうれしいことはありません。

この本が、魅力的ですばらしい「ありのままの、本音のアナタ」にOKを出すための一助となりますように。

最後までお読みいただき、ありがとうございました。

この本のまとめ

怒り	[サイン]	うまくいっていないよ、すぐ対処して！
	[エネルギー]	「NO！」と言うための防衛のエネルギー
	[ポイント]	裏には本音（嫌だ／怖い／悲しい）が隠れている
	[アクション]	エネルギーの矛先を変えて、課題解決に使おう
嫌悪	[サイン]	それ、避けたほうがいいよ！
	[エネルギー]	有害なものを避けるためのエネルギー
	[ポイント]	厳しすぎる自分ルールから自由になるチャンス
	[アクション]	「嫌い」はOKしよう、「悪い」は疑おう
恐れ・不安	[サイン]	このままだと危ないよ！
	[エネルギー]	危険に備えたり、逃げたりするエネルギー
	[ポイント]	不安を抑えつけると、かえって大きくなる
	[アクション]	弱さを周りに開示して、仲間になろう
悲しみ	[サイン]	大切なものを失ったよ！
	[エネルギー]	固まったココロを緩めるエネルギー
	[ポイント]	喜びとは表裏一体、喜びがあるから悲しみがある
	[アクション]	悲しみをしっかりと味わい、過去を再構築しよう
喜び	[サイン]	ねえねえ、こっちだよ！
	[エネルギー]	新しいことに挑戦するエネルギー
	[ポイント]	喜びを表に出すと、人とのつながりが生まれる
	[アクション]	「喜び」や「好き」に素直になろう

参考文献

『アドラー心理学教科書』
（野田俊作監修、現代アドラー心理学研究会編、ヒューマン・ギルド出版部）

『「生きづらさ」を手放す　自分らしさを取り戻す再決断療法』（室城隆之著、春秋社）

『大人のための「困った感情」のトリセツ』（水島広子著、大和出版）

『感情とはそもそも何なのか　現代科学で読み解く感情のしくみと障害』
（乾敏郎著、ミネルヴァ書房）

『感情の正体　発達心理学で気持ちをマネジメントする』（渡辺弥生著、ちくま新書）

『記憶と情動の脳科学　「忘れにくい記憶」の作られ方』
（ジェームズ・L.マッガウ著、大石高生・久保田競監訳、講談社ブルーバックス）

『ゴエンカ氏のヴィパッサナー瞑想入門　豊かな人生の技法』
（ウィリアム・ハート著、太田陽太郎訳、日本ヴィパッサナー協会監修、春秋社）

『子供の「脳」は肌にある』（山口創著、光文社新書）

『仕事・人間関係　どうしても許せない人がいるときに読む本』（心屋仁之助著、中経出版）

『心配事の9割は起こらない』（枡野俊明著、三笠書房）

『ソマティック心理学』（久保隆司著、春秋社）

『腸・皮膚・筋肉が心の不調を治す　身体はこんなに賢い！』（山口創著、さくら舎）

『トラウマと記憶　脳・身体に刻まれた過去からの回復』
（ピーター・A・ラヴィーン著、花丘ちぐさ訳、春秋社）

『脳と言葉を上手に使う　NLPの教科書』（前田忠志著、実務教育出版）

『脳はなぜ都合よく記憶するのか　記憶科学が教える脳と人間の不思議議』
（ジュリア・ショウ著、服部由美訳、講談社）

『ポジティブ心理学の挑戦　“幸福”から“持続的幸福”へ』
（マーティン・セリグマン著、宇野カオリ監訳、ディスカヴァー・トゥエンティワン）

『ポリヴェーガル理論入門　心身に変革をおこす「安全」と「絆」』
（ステファン・W・ポージェス著、花丘ちぐさ訳、春秋社）

『やさしいフォーカシング　自分でできるこころの処方』
（アン・ワイザー・コーネル著、大澤美枝子・日笠摩子訳、コスモス・ライブラリー）

著者紹介

加藤隆行（かとう・たかゆき）

心理カウンセラー。1971年名古屋市生まれ。

重度のアトピーで病弱だったことから、劣等感が強く、コミュニケーションの苦手な子に育つ。福井大学大学院（博士前期課程）修了後、システムエンジニアとしてNTTに入社。「人より3倍がんばる」を信念に激務をこなし、昇進を重ねるも、30歳のとき体調が激烈に悪化し、休職。3度の休職と入退院を繰り返し、しだいに自身のココロと向き合うようになる。宗教、スピリチュアル、脳科学、心理学などに節操なく手を出し、42歳で初めて「人生は楽しく、すばらしいものである」と気づく。2015年に退職し、心理カウンセラーとして独立。心屋塾、アドラー心理学、認知行動療法、瞑想などを組み合わせた独自プログラムを開発し、カウンセリングやセミナーを行っている。愛称「かとちゃん」。

- 著者ブログ「ココロと友達」
  https://ameblo.jp/kussblue/
- 著者メールマガジン「自分自身と仲直りして優雅に生きる」
  https://www.reservestock.jp/subscribe/62235

ブックデザイン	小口翔平＋岩永香穂＋千葉優花子（tobufune）
イラスト	白井匠（白井図画室）
編集	酒井徹（小学館クリエイティブ）
校閲	三上悠佳

「また怒ってしまった」と悔いてきた僕が無敵になった理由

ネガティブな感情は自分の味方だった

2020年8月11日　初版第1刷発行

著者	加藤隆行
発行者	宗形康
発行所	株式会社小学館クリエイティブ 〒101-0051 東京都千代田区神田神保町2-14 SP神保町ビル 電話0120-70-3761(マーケティング部)
発売元	株式会社小学館 〒101-8001 東京都千代田区一ツ橋2-3-1 電話03-5281-3555(販売)
印刷・製本	中央精版印刷株式会社

ISBN 978-4-7780-3555-6